Great Number Two Leaders in Human History

世界ナンバー2列伝

山田昌弘

史上最強補佐役・宰相・顧問・右腕・番頭・黒幕・参謀

まえがき

歴史上の英雄たちのうちリーダーとして人々と時代を引っ張った人物の事績は、そこかしこで、数え切れないほど取り上げられ、娯楽としてあるいは教訓話や人物論の素材としてもてはやされている。そしてそのようなリーダーを支えたサブリーダーの事績についても、時に世間の注目を集めることがあり、日本の戦国時代の名臣や中国古代史上の名宰相については、相当の知名度であると言って良い。

しかしそれら一部の恵まれた時代以外については、リーダーの名前や事績こそ教科書的知識の普及によりある程度知られているものの、サブリーダーはというと、その名すら、ほとんど知られてはいまい。だが名臣、名宰相と呼ぶに値する大物サブリーダーはなにも日本の大名家や古代中国のみに存在しているわけではない。世界中の様々な地域、様々な時代に、多様なタイプのサブリーダーが存在し、我々のよく知る名臣や名宰相にも劣らぬ素晴らしい能力で活躍し、魅力的な歴史物語を紡いでくれている。そのようなサブリーダーたちの活躍は、もっと着目されても良いのではないか。

本書ではそのような世界各国史上のサブリーダーたちの物語を、「ナンバー２」の名の下に、拾い集めてみた。ささやかな読み物ではあるが、その対象とする範囲は、日本や中国は言うまでもなく、ヨーロッパ、インド、中東、アフリカ、中央アジア、南北アメリカなどなど、世界中に及んでいる。

そして広大な範囲から拾い集めた人物たちの生きざまは、ある者はリーダーに代わるほどの活躍で国を支え、ある者はリーダーの不足をよく補った。ある者は友のごとくに厚遇され、ある者は疎まれつつも活躍を続け、礼遇が一転冷遇に変わった者や、リーダーの交代で栄華の絶頂から、瞬時に叩き落とされた者もいた。そこには組織の歯車となって、誰かに仕えて生きざるを得ない、社会人の悲喜こもごもの全てが、劇的に拡大誇張された形で、描き出されていると言っても良い。彼らは、人並みはずれた英傑ではあるが、我々並の人の代表者でもまたあるのだ。

そんな並外れた並の人の物語は、我々並の人にとっては、並外れて華々しく魅力的でありながら、どこか親しみやすく感情移入すら誘ってくれる。彼らの生きざまにただただ魅入られ引き込まれるもよし、あるいは彼らの生涯から何らかの教訓や指針を導き出すというのも悪くはない楽しみ方だろう。このささやかな読み物が、読者の皆様に楽しいひとときを、あるいは有益な知識をもたらすことができれば幸いである。

2 前書き

11 第1章　西欧

12 **オルデンバルネフェルト**＝名将**マウリッツ**を補佐してオランダ独立戦争を戦った政治家

15 **リシュリュー&マザラン**＝**ルイ一三世**と**ルイ一四世**を支えてフランスブルボン朝の最盛期を築いた名宰相

21 **ウォルポール**＝**ジョージ一世**を支えてバブルの後始末などに活躍したイギリス最初の首相

26 **小ピット**＝愛国王**ジョージ三世**を支えてイギリス政界刷新に成功した若き首相

29 **ディズレーリ**＝**ビクトリア女王**に愛された外交上手な大英帝国首相

34 **ビスマルク**＝**ヴィルヘルム一世**を支えてドイツ統一に剛腕を振るった鉄血宰相

40 **【コラム①】名補佐役に学ぶ上司の扱い方**

41 第2章　北欧・東欧

42 **アブサロン**＝中世デンマークの英主**バルデマー大王**を聖俗両界に渡る活躍で支えた親友

45 **ビテーズ**＝ハンガリーの英雄「正義の王」**マーチャーシュ**を支えた元個人教師

48 **ザモイスキ**＝**ステファン・バートリ**らを支えポーランドを内憂外患による衰退から守った名補佐役
53 **オクセンシェーナ**＝スウェーデンの天才国王**グスタフ・アドルフ**を補佐した氷の宰相
56 **メンシコフ&ポチョムキン**＝
ロシアの**ピョートル大帝**、**エカチェリーナ大帝**を支えた胡散臭くも有能な補佐役達
62 **ブラティアヌ&スタンボロフ**＝ルーマニア王**カロル一世**とブルガリア王**フェルディナンド**を支えて
近代化改革に励みビスマルクに喩えられた名補佐役
66 **モロトフ**＝ソ連の独裁者**スターリン**から最重要課題を任され続けた忠実無比な名補佐役
69 **【コラム②】上司は有能すぎる補佐役にいかに対抗すべきか**

71 第3章　南欧

72 **パルメニオン**＝古代マケドニアの大征服者**アレクサンドロス大王**の連戦連勝を支えた老練の副将
76 **ルクルス**＝古代ローマの軍閥首領**スラ**を支えた有能だが人望の無い補佐役中の補佐役
79 **ラビエヌス**＝古代ローマの英雄**カエサル**を最期に裏切りルビコンを越えなかった親友
85 **アグリッパ**＝古代ローマ帝国創始者**オクタウィアヌス**の戦下手を補い政治にも才能を発揮した名補佐役
88 **マクシミアヌス**＝古代ローマ帝国の再建者**ディオクレティアヌス帝**を支えた精力溢れる次席皇帝

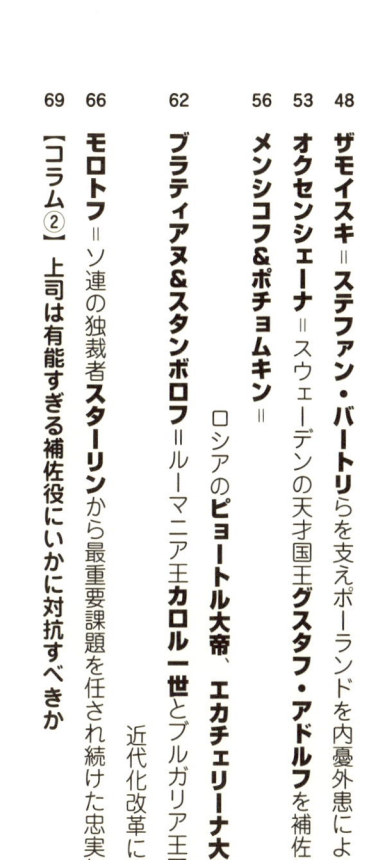

アルマンスール＝王母スブフの寵愛を受け少年王**ヒシャーム**の下で政治を掌握したイスラム国家後ウマイヤ朝の不世出の英雄　91
ポンバル＝ポルトガルの首都リスボンを大震災から再建して国王**ジョゼ一世**の絶対的な信任を得た名宰相　94
アランダ＝**カルロス三世**の下で辣腕を振るいスペイン社会の開明に努めた政治改革者　97
カブール&クリスピ＝イタリア統一の英雄**ビットリオ・エマヌエレ二世**と**ガリバルディ**を支えた名補佐役たち　100
サラザール＝ポルトガルの独裁者**カルモナ将軍**に抜擢されて財政危機に対処した大学教授　106
【コラム③】名補佐役の上司となるための最低限の資質について　109

第4章　アメリカ　111

ヤング＝ハワイ統一の英雄**カメハメハ大王**を支えた西欧人助言者　112
ミカエラ・バスティダス＝南米先住民反乱の英雄的指導者**トゥパク・アマル**を支える軍事と実務に長けた妻　115
ハミルトン＝独立戦争時には副官として独立後には財務長官としてアメリカ初代大統領**ワシントン**の全幅の信頼を受けた名補佐役　118
デサリーヌ＝ハイチ独立運動の英雄**トゥサン・ルヴェルチュール**を補佐した猛将にして独立ハイチの初代皇帝　121
サンタンデル＝南米独立運動のカリスマ指導者**シモン・ボリーバル**を支えた実務家肌の副将　127

バーンズ＝アメリカ大統領**フランクリン・ルーズベルト**を補佐して
アシスタント・プレジデント（大統領補）と呼ばれた男 132
ニクソン＝アメリカの人気者**アイゼンハワー**大統領の陰で身代わりとなって汚れ役や尻ぬぐいを務めた副大統領 138
【コラム④】古典から学ぶ補佐役の遇し方 141

第5章 アフリカ・中東・中央アジア 143

イムホテプ＝史上最初のピラミッドを設計した古代エジプトの**ジョセル王**の名宰相 144
スレナス＝**オロデス王**を補佐してローマ帝国の侵略という国難に当たった古代パルティア最高の名門貴族 147
アムル&アブー・ムスリム＝**ムアーウィヤ**と**サッファーフ**を補佐して
王朝交替を成し遂げた初期イスラム帝国の知謀の補佐役達 150
ニザーム・アルムルク＝**アルプ・アルスラン**と**マリク・シャー**を補佐して
セルジュク・トルコ帝国の最盛期を導いた大宰相 155
ジョチ・カサル＝史上最大の征服者**チンギス・ハーン**の建国を副将として支えた武勇の弟 158
アリー・シール・ナワーイー＝幼なじみのティムール帝国国王**フサイン・バイカラー**を補佐して
文化的な黄金時代を演出した名補佐役 161

164 ラス・アルラ＝皇帝ヨハネス四世の信任を受け侵略者イタリアとの戦い等で名声を博したエチオピア近代史の英雄
169 イノニュ＝トルコ近代化を成し遂げた不世出の英雄ケマル・アタチュルクを助けて政治に軍事に奔走した名補佐役
175 【コラム⑤】補佐役の存在意義

177 第6章　インド・東南アジア

178 カウティリヤ＝勇士チャンドラグプタを導いて大帝国マウリヤ朝を築き上げた古代インドの知謀の大宰相
181 チャン・フンダオ＝チャン・ニャントンを補佐してモンゴル帝国の侵略を叩き潰したベトナムの英雄
187 ガジャ・マダ＝ラージャパトニ女王の宰相としてマジャパヒト朝の最盛期を築いたインドネシアの国民的英雄
190 グエン・チャイ＝レ・ロイの政治顧問として中国明朝の侵略と圧制を打ち破ったベトナムの国民詩人
193 マフムード・ガーワーン＝南インドのバフマニー王国で四代の国王に仕えて繁栄の時代を築いた外国人名宰相
196 ダムロン＝チュラロンコーン大王のチャクリ改革を支えタイの植民地化阻止に大きな貢献をした王族政治家
199 パテール&アリー・ハーン＝インド独立の指導者ガンジーとパキスタン独立の指導者ジンナーを支えた名補佐役達
205 サルトノ＝インドネシア独立の指導者「民族の誇り」スカルノを支えスカルノ逮捕の危機に対処するなどした補佐役
208 ボー・グエン・ザップ＝ベトナム独立運動指導者ホー・チ・ミンの補佐役として
フランスの植民地支配を叩き潰した天才戦略家

214 【コラム⑥】古典から学ぶ補佐役の選び方

215 第7章　中国

216 **伊尹&周公&管仲**＝殷の**湯王**・周の**武王**・斉の**桓公**を補佐した中国史の最初期を彩る名宰相たち
223 **商鞅&蘇秦&張儀**＝中国古代戦国時代の超大国秦を育て上げあるいは超大国秦に抗った名宰相達
229 **李斯&蕭何**＝中国古代の統一帝国建設を助けた秦の**始皇帝**および漢の**劉邦**の名補佐役
235 **諸葛亮&張昭&荀彧**＝三国志の英雄**劉備**・**孫策**・**曹操**を補佐した名軍師・名宰相たち
242 **王導&王猛**＝異民族が入り乱れる中国史上の大戦乱時代に天下と人民の安寧を求めて**司馬睿**・**苻堅**を補佐した大政治家達
248 **馮道**＝中国の五代十国の戦乱期に五つの王朝十一人の皇帝に仕えた名宰相
251 **趙普**＝中国の五代十国時代の戦乱に終止符を打った宋王朝建国者**趙匡胤**を支えた知謀の名宰相
254 **周恩来**＝**毛沢東**をその善行悪行全て含めて支持し続けた徹底した補佐役気質の中国首相
259 【コラム⑦】補佐役はいかにして上司の猜疑心から身を守るべきか

第8章　日本

261 第8章　日本

262 **中臣鎌足**＝知謀によって**中大兄皇子**を支え天皇家中心の国家体制樹立を図った大化の改新の功労者

265 **菅原道真**＝優れた学識によって**宇多天皇**を支え政治改革に取り組んだ学問の神様

268 **北条時房**＝鎌倉幕府の名執権**北条泰時**と二人三脚で歩み両執権と呼ばれる政治体制を生み出した名補佐役

271 **足利直義**＝室町幕府創始者である英雄**足利尊氏**を補佐して副将軍のあだ名をつけられた政治実務に優れた賢弟

276 **小早川隆景&直江兼続&堀直政**＝**豊臣秀吉**に才能を賞賛され「天下の三陪臣」と呼ばれた戦国時代の諸大名家の名補佐役たち

282 **豊臣秀長**＝**豊臣秀吉**の天下取りを支えた忠実万能な異父弟

288 **伊藤博文**＝**明治大帝**と協力して日本を近代立憲国家に押し上げた明治日本の最高功労者

294 **【コラム⑧】制度としての補佐役**

295 参考文献

302 あとがき

Great Number Two Leaders in Human History

第1章 西欧

史上最強補佐役・宰相・顧問・右腕・番頭・黒幕・参謀

名将マウリッツを補佐して
オランダ独立戦争を戦った政治家

オルデンバルネフェルト

ヨハン・ファン・オルデンバルネフェルト
Johan van Oldenbarnevelt
(1547~1619)

マウリッツ・ファン・ナッサウ
Maurits van Nassau
(1567~1625)

オランダ独立戦争

一六世紀オランダは当時のヨーロッパ随一の強国スペインを相手に独立戦争を戦っていた。プロテスタントを信仰する住民の多いオランダに対して、スペインがカトリックを掲げて強権支配を展開、プロテスタントとりわけカルバン主義を激しく弾圧したために、オランダ人は反乱に立ち上がったのである。オランダはオランダ内に領地を持つ名門貴族、オラニエ公ウィレムを総督に選出し、彼を軍の最高司令官として英雄的な戦いを行ったが、やがて一五八四年ウィレムはカトリック教徒の凶弾に倒れることになった。

指導者の暗殺という重大な危機を経て、それでもオランダの反乱は潰えなかった。ウィレムの亡き後もオランダは優れた指導者に恵まれていたからである

名将マウリッツを補佐してオランダ独立に漕ぎ着けた政治指導者オルデンバルネフェルト

ウィレム亡き後、オランダ総督となりオランダ軍総司令官を務めたのは、ウィレムの遺児マウリッツであった。マウリッツはヨーロッパに軍事革命と言われる戦争術の革新をもたらした名将であり、彼は軍制改革によって効率的な軍隊を作り上げ、大敵スペイン相手によく戦い、次々にスペイン占領下の諸都市を奪回していった。そしてこの名将マウリッツを補佐して、オランダの政治を主導したのがオルデンバルネフェルトであった。

オルデンバルネフェルトは対内的には、オランダの有するあらゆる力と資源を動員し、調整して、

戦争を支える態勢を整えていった。オランダは一六〇二年に東洋貿易の為の会社、東インド会社を設立するが、これは戦争を支えるためにオルデンバルネフェルトが打った手の一つであった。オランダは最有力の富裕な州であるホラント州とその他の州の間に深刻な利害対立を抱えていたのだが、オルデンバルネフェルトは策謀と説得に走り回って、州の利害を調整、オランダの分裂を防ぎ止めていた。

外交面でもオルデンバルネフェルトは手腕を振るい、長きに渡る交渉の末に一六〇九年、スペインとの間に十二年の休戦条約を締結した。これによってオランダは事実上スペインからの独立を達成した。

マウリッツとオルデンバルネフェルトの対立

マウリッツとオルデンバルネフェルトの関係はやがて破綻した。オルデンバルネフェルトのもたらした休戦は、戦費の負担を憂えるホラント州の商人の支持を受けていたが、スペインとの妥協によってカトリックの力が復活すると考える多くのカルバン主義者やマウリッツからは不評であり、二人は対立することになった。またオランダのカルバン主義者内部の宗派対立、レモンストランス派とこれに対するカルバン主義正統派の敵対が、二人の対立に油を注いだ。オルデンバルネフェルトは前者、マウリッツは後者の支持に回っていた。こうして激化した対立の結果、マウリッツは一六一八年オルデンバルネフェルトを逮捕、反逆罪の罪を着せ、翌年処刑してしまった。

ルイ一三世とルイ一四世を支えて
フランスブルボン朝の最盛期を築いた名宰相

リシュリュー&マザラン

リシュリュー公爵アルマン
・ジャン・デュ・プレシー
Armand Jean du Plessis de Richelieu
(1585~1642)

ルイ一三世
Louis XIII
(1601~1643)

「私は、国家の敵以外に敵を持ったことがなかった」

一七世紀のフランス王ルイ一三世を支えた名宰相リシュリューの臨終の言葉である（ミシュレ、大野一道、立川孝一監修『フランス史 Ⅳ 一七世紀』藤原書店、一九五、一九六頁）。

リシュリューは泣きべそ男と言われたほど涙もろい男であった。彼は鬱に落ち込むこともあった。彼は好意を持った人間にはとことん愛情を注ぎ、好意を持たない人間にも、公正を旨とし、自制して接する男であった。彼は深い敬神の念と、宗教的寛容の精神を抱く男であった。彼は痔疾、膀胱疾患、肝臓疾患、神経痛など様々な病を抱え、呼吸困難や発熱、腫れ物等に、始終苦しみ続けていた。彼が疲労困憊の余り数週間も政務を離れることが毎年のようにあった。一個の人間としてのリシュリューを見るならば、肉体的には虚弱で、精神的には繊細な、優男であったと言えるかもしれない。

だが政治家として腕を振るうやリシュリューは、傲然とそびえ立ち仮借無く敵を叩きつぶす、恐るべき大政治家となる。農民反乱、分離主義的な宗教勢力、反抗的な大貴族、スペインとオーストリアからフランスを挟み撃ちにしてくるヨーロッパ国際政治の最強勢力名門ハプスブルク家、ありとあらゆる「国家の敵」と彼は容赦のない戦いを続けた。その「国家の敵」との戦いに身を捧げた生涯の最後を飾るのが、冒頭の言葉であり、彼は最後に敵を赦すように説得する司祭に対し、その言葉で応えたのだ。

王の敵から宰相へ

リシュリューこと、アルマン・ジャン・デュ・プレシスはあまり富裕ではない下級貴族の生まれであった。彼はリシュリューの領主であり、フランス貴族の慣習により、起源となった領地の名を称した。彼は最初軍人を目指したが、リシュリュー家の収入源である司教の地位を兄が放り出したため、代わって司教となるため聖職者の道に転じた。彼は一六一四年に身分制議会である三部会に聖職者代表の一人として参加したことがきっかけで、ルイ一三世の摂政、王母マリー・ド・メディシスに抜擢され、国政へと進出する。

その後一六一七年、ルイ一三世が母に対してクーデターを起こし権力を奪取すると、リシュリューは追放の憂き目を見るが、彼は王と王母の和解交渉で活躍して、王にも能力を認められるようになった。リシュリューは王母の後押しもあり一六二四年に宰相の職に就くことになる。

リシュリューの戦い

宰相となったリシュリューは徹底して国王と王国に献身、あらゆる困難、あらゆるしがらみを乗り越えて、国家の敵と戦い、政治に軍事に活躍した。時に甲冑を身に着け馬を駆り、砲撃を命令し、戦闘指揮にさえ当たることもあったのだ。王も基本的には彼のことを信任し続けた。時に王の信頼に動揺が生じることもあり、リシュリュー晩年には強大な力を持つ宰相を疎ましく思った王が、リシュリュー暗殺を考える臣下に、同意と取れなくもないような微妙曖昧な態度と発言を見せたことさえある。しかし一瞬の動揺の後には国王はすぐさまリシュリューの必要性を認め、信任を取り戻すのが常であった。

王国の忠臣リシュリューにとって、王母の恩義が政治の妨げとなることはなく、彼は王母の意向を全く顧みず国王と王国の利益を第一に活動、王母の怒りを買っている。怒った王母が国王に圧力をかけ、リシュリューの権力を動揺させにかかれば、彼は跪き涙を流して王母に許しを求めて見せるが、これは全くの芝居であった。王母と宰相の関係は常に険悪で、王母と結託した大貴族が王弟ガストンを旗印に、しばしば反リシュリューの反乱を起こした。だがリシュリューは反乱を粉砕し、貴族には厳罰で臨んだ。高潔な武人として尊敬を集めていたモンモラシー公など、ローマ法王や国内貴族といった内外の有力者、さらには民数多数の助命嘆願までありながら、あっさりと反逆者として処刑された。

体の弱さが彼を妨げることもなかった。彼は病臥していても執務を続ける鉄の意志を持った男であり、三十年戦争では特製の担架で運ばれてまで、前線に出たほどであった。

宗教的寛容や敬神の念さえも彼の政治を妨げない。彼は信教の自由は認めたが、信教に少しでも政治的な分離主義が伴うならば、苛烈な弾圧の対象とし、カトリックを信じるフランス国内でプロテスタントを掲げて拠点を構える宗教的反抗勢力ユグノーはその拠点を容赦なく叩き潰された。彼は司教、枢機卿を務めたカトリック教会の聖職者であり、国内的にプロテスタントの弾圧者でありながら、国外においてハプスブルク家を打倒するため、宗教的な敵のはずのプロテスタント諸国を支援していた。

ジュール・マザラン
Jules Mazarin
(1602~1661)

アンヌ・ドートリッシュ
Anne d'Autriche
(1601~1666)

かくして様々なしがらみ、自己の身体や信教、全てに優先して国家の利益を考えた彼は、国内的には反抗勢力を乗り越えて王権を強化し、フランスを中央集権化、国際的にはフランスの地位を大いに押し上げた。

リシュリューの後継者マザラン

一六四二年にリシュリューは死ぬが、彼の推薦で、後任の宰相にはマザランが就任した。マザランはイタリア人で元はローマ教皇軍の士官であった。彼は柔軟な思考と社交性、雄弁を評価されて外交官に転じ、教皇の使者としてフランス軍を訪れ、リシュリューと出会う。彼は初対面でリシュリューに「今まで見たこともない天才で、交渉も案件処理もまことに見事にこなす」（色摩力夫『黄昏のスペイン帝国』中央公論社、一八五頁）と評価された。彼は一六三九年にフランスに帰化したが、ついに宰相の地位に上り詰めたのである。マザランはルイ一三世、幼いルイ一四世およびその摂政、王母アンヌ・ドートリッシュの下で活躍した。彼に対する王母の厚い信頼と支援は、彼が王母の愛人であるという噂を残すほどであった。

マザランは良くリシュリューの事業を受け継いだ。対ハプスブルク戦争は、リシュリュー時代に育ったテュレンヌら名将の活躍もあり、勝利に終わった。戦場での勝利に加え、マザランが実際には力不足にもかかわらず、スペインを破るとはったりをかけたことも、有利な講和に効果があったらしい。もはやハプスブルク家に昔日の勢いはなく、代わってフランスがヨーロッパ国際政治の最強国となった。国内の王権確立は、フロンドの乱鎮圧を経て完成に至った。フロンドの乱は、強圧的な王権強化や戦費から来る重税といったリシュリュー以来の政策への諸々の不満が爆発し、貴族勢力が大々的に反乱したものであるが、この内乱は名将テュレンヌの活躍のおかげで鎮圧され、結果国内の反抗勢力が一掃されたのだ。

一六六一年、国内で中央集権化を完成し国際的に最強国となったフランスを残して、マザランは死んだ。

ジョージ一世を支えてバブルの後始末
などに活躍したイギリス最初の首相

ウォルポール

ロバート・ウォルポール
Robert Walpole
(1676~1745)

ジョージ一世
George I
(1660~1727)

バブル崩壊――南海泡沫事件

一八世紀前半イギリスはバブル経済に沸いていた。空前の株式ブームによってどんどん値上がりする株価を目の当たりにし、株式会社を創って自分も一発ボロ儲け、そう考える山師達も大暴れした。永久運動する車輪を製造するだのイギリス全土の家をほこり一つ無い状態にするだの、おかしな製品、サービスを謳うゴミのような会社も続々生まれた。そしてゴミだらけの株式市場に、イギリス人は一般庶民に至るまで熱狂的に投資し続けた。しかしゴミの山に高値が付けられる異常な時代が永続するはずもなく、破産者の大群を残してバブルは崩壊した。このバブル経済は南海会社の株価高騰がきっかけとなって発生しており、南海泡沫事件、サウスシー・バブルと呼ばれる。

このバブル崩壊の影響は政界においても大きかった。余りの悲惨な社会状況に、人々は政府の内に戦犯となる生け贄を求めずにはいられなかったし、生け贄とされる人間はそうされてもやむを得ない立場にあった。政府高官は南海会社の株式を賄賂として受け取るなど、バブルがらみの汚職に手を染めていたのだ。結果、時の政権は崩壊し、しばらく政界は混乱に陥った。

ところがこのときイギリスは、経済と政界の混乱を収拾し、事態を沈静化できる有為の人物に恵まれた。この時事態を処理できる人物として政権を委ねられるに至ったのがウォルポール、経済通で知られる辣腕政治家、イギリス最初の首相と言われる、名宰相であった。

バブル崩壊の始末をした首相

ウォルポールはバブルの最中閣僚を務めたが、それが陸軍支払長官というバブルと直接関係のない役職であったため、バブルが崩壊した後も、彼が戦犯扱いされることはなかった。彼は地方地主の家に生まれて堅実な経済観念を身につけた男で、バブルの最中、バブルと距離を取って慎重に資産を運用しており、そういった生き様もこの社会情勢では、好意的に評価されることになった。また彼はかねてより財政通の評判が高かった。かくして彼はバブル崩壊の翌一七二一年に首相に就任、バブル崩壊によって混乱する事態の収拾に当たることとなった。

経済の混乱に関しては、ウォルポールは暴落した南海会社株をイングランド銀行と東インド会社に引き受けさせ、それによって上手く事態を沈静化することに成功した。そして政界の混乱については、ウォルポールは責任追及をほどほどで切り上げ、上手くお茶を濁すことで、事態を収拾した。彼は厳格な責任追及による大量処分で、政界が混乱するのを避けたのである。

二一年の安定政権「ウォルポールの平和」

その後ウォルポールは「ウォルポールの平和」と呼ばれる長期安定政権を維持し、その政権担当は二一年もの長きに渡った。この間ウォルポールは、議会運営、人事、財政に卓越した手腕を振るったが、人目を引くような目覚ましい政策を彼が打ち出すことは全くなかった。彼の政治の基本姿勢は、余計なことは一切しないというもので、例えば彼は派手な戦争政策を振り回すようなことはなく、徹底した平和主義を堅持し続けていた。戦争すれば戦費の負担が発生し、それは税金となって国民に重くのし掛かる。そうすれば国民の不満を受けて、彼は選挙に敗北しかねないわけで、彼はそんなことは真っ平ごめんであった。戦争による人死には無い、税金も軽い、イギリス人はウォルポールの安定政権に満足であった。

とはいえ何もしないことだけが、ウォルポールの長期政権の理由ではない。ウォルポールは政局を操る達人であり、巧みに議会の政治家達を操縦して政権を維持し続けていた。彼は金権政治、政治腐敗との批判を浴びせられながら、年金や役職のばらまきを続け、巧みに自分の政権の支持者を固めていたのだ。とはいえウォルポールが政治家達に直接現金を渡した証拠は存在していないと言われる。

国王ジョージ一世とウォルポール

ウォルポールの上に君臨し、ウォルポールを信任した国王ジョージ一世はドイツのハノーファー出身、それが一七一四年に五〇代半ばでイギリス国王に即位している。そのためジョージ一世は英語を話さず、イギリスの政情についてもよく知らず、政治への関与を放棄して、首相の権限が大幅に強化された。結果イギリス政治は国王ではなく、首相に率いられる内閣と議会によって運営されるようになっていった。国王ジョージ一世とウォルポールの関係には、そのような伝説が広まっている。

しかし実際の所、それは誇張に過ぎない。ジョージ一世も閣僚達も当時の国際語であるフランス語を使いこなし、ジョージ一世が政治に関与するに、言語の問題は何ら障害とはなっていなかった。そしてジョージ一世は軍事問題や外交問題については、きわめて積極的に関与していた。軍事や外交に活動の軸足を置き、内政や事務をサブリーダーに頼る、そういうリーダーは歴史上いくらもいるわけで、結局、ジョージ一世とウォルポールの関係は、普通の君主と宰相の関係と見て問題ないと言える。

最初の首相

ウォルポールが最初の首相と言われることについて冒頭で少し言及したが、彼以前にも事実上首相として働いた強力な政治家はいる。ただ閣議の議長として他の大臣を指揮し、政治を取り仕切ったイギリス最初の政治家という意味で、彼は最初の首相とされるのである。

もっとも彼は自分に向けられた「首相」すなわち「プライム・ミニスター」の呼称を否認していたという。彼に向けられた「プライム・ミニスター」の語は、政権を独占して腐敗まみれの彼を、独裁者として非難するため使われた、反対派からの蔑称であった。これでは彼が否認するのも当然と言えば当然である。ちなみにイギリス首相が最初にプライム・ミニスターを名乗ったのは一九世紀の政治家ディズレーリの署名においてであるらしい。

ところで首相の呼称を否認したウォルポールの肩書きは正式には「第一大蔵卿」と言うのだが、実はこの職名は現代イギリスにおいても存続している。イギリス首相の正式の肩書きには、現代においても「第一大蔵卿」の語が含まれている。

愛国王ジョージ三世を支えて
イギリス政界刷新に成功した若き首相

小ピット

ウィリアム・ピット
William Pitt the Younger
(1759~1806)

ジョージ三世
George III
(1738~1820)

愛国王ジョージ三世

一八世紀のイギリス国王ジョージ三世は愛国心の強い国王であった。彼は半世紀に渡って議会を支配し、金権政治を続けてきた腐敗政党ホイッグ党を退潮に追い込んで、イギリス政治を清廉な状態に刷新することを熱望していた。彼はホイッグ党の有力政治家を退けて親政に乗り出し、政治刷新に取り組んだが、彼の努力は政治混乱を招くだけで、なかなか成果を上げてはくれない。だが彼の熱望する政治の刷新は、彼の治世の後半に一人の名宰相を抜擢することで、見事達成されることになる。

その名宰相はピット、同名で首相を務めた父と区別するために、小ピットと呼称される人物である。

国王の期待に見事応えた二四歳の青年宰相

小ピットは一七八三年、ジョージ三世により二四歳の若さで首相に抜擢された。父親譲りの演説上手であるが、これまでのところ大した政治的業績はない。そのため発足当初のピット政権は、子供のいたずらと揶揄されており、議会における支持者も少ない。しかしピットの政治手腕は全く子供ではなかった。

ピットはここで臆することなく、一七八四年状況好転のため、議会の解散に打って出る。一八世紀においては、国王の支持する政府が選挙に敗れることは全く無かった。当時の人々は君主の恩寵を分配できる人間に付いていくのである。したがって解散後の総選挙は当然の結果としてピットの圧勝に終わり、ピットの地位は完全に安定化した。そしてこれ以後一七年間にわたってピットは首相の地位を占め続けた。ジョージ三世の望むホイッグ党の退潮は、見事達成されたわけである。

ピットの業績

首相となったピットはいくつもの目覚ましい業績を上げた。彼はアメリカ独立戦争を経て疲弊しきったイギリス財政を立て直した。関税を下げて自由貿易を推進し、密輸を厳しく取りしまった。彼はカトリック教徒に対する宗教刑罰法をいくつか廃止し、奴隷廃止運動に賛同した。

外交面では彼は、革命の結果国際不安の源と化したフランスの危険に対抗するため、大規模に同盟戦略を展開していった。ピットはフランスとの対立が緊張の極みにあった一八〇六年に死亡する。彼はこの頃病んでいたが、フランス軍がアウステルリッツにおいて同盟諸国軍を大破したと聞き、一気に病状を悪化させてしまった。彼は祖国を残して逝くことを嘆きつつ死んだ。

ピットの人間性

ピットは堅苦しい人物であった。彼には特に耽溺する趣味もない。女性関係の噂も無く、生涯にわたって独身であった。その上清廉潔白の権化であり、私腹を肥やすことはなかった。死後には政治をしてできた多額の借金が残り、ピットの功績を讃える政府が、代わってこれを支払った。

ビクトリア女王に愛された
外交上手な大英帝国首相

ディズレーリ

ベンジャミン・ディズレーリ
Benjamin Disraeli
(1804~1881)

ビクトリア女王
Alexandrina Victoria
(1819~1901)

ビクトリア朝の政界に双璧を成した女王最愛の政治家

イギリスの黄金時代に君臨したビクトリア女王、その治世は一八三七年から一九〇一年まで、六四年間もの長きに渡り、その間首相の地位に就いた者は多い。しかしその中で女王の最高の補佐役を選ぶならば、ディズレーリこそが最もふさわしい男だろう。彼はビクトリア女王の下で二度にわたって首相を務めた男。政敵グラッドストンの四度の首相就任には及ばぬにしても、時代を代表する大政治家であった。グラッドストンの政治力の前に、野党党首の立場に甘んじた期間が長く、おかげでイギリス史上最も偉大な野党党首などと言われてしまう人物であるが、ビクトリア女王との絆の強さを思えば、ビクトリアの最高の補佐役と呼べるのはディズレーリであった。

山師ディズレーリ

ディズレーリは若き日、父親によって弁護士事務所に秘書として就職させられ、法律家となる勉強をした。彼が孤独にこもって読書にばかり耽ることを心配した父親の配慮であった。しかしたちまちの内に彼が全くその仕事に向かないことが明らかになる。読書に耽って空想に耽溺し、オシャレに凝って珍奇な服装を誇る、極めつけの趣味人である彼に、真っ当な職業に打ち込むなどできることではなかったのだ。やがて彼は一攫千金を目指して胡散臭いことばかりするようになる。しかし鉱山の株に手を出して借金を背負い、新聞刊行を目指しても失敗、当たり前のように失敗を繰り返した後、ディズレーリは文筆家に転じた。幾つか小説を書き散らした後、彼は今度は政界進出を目指し、選挙に打って出たものの落選に次ぐ落選、六度の落選を乗り越えて一八三七年ようやく初当選を果たした。

ところで色々とろくでもないことをするディズレーリであるが、彼のろくでもなさはこれで出尽くしたわけではなかった。議会に初当選した二年後の彼が三五歳の時、ディズレーリは一二歳年上の女性と結婚するのだが、彼女は莫大な財産持ちであった。当然世間は財産目当てと見たし、結婚前の喧嘩の折、ディズレーリが最初に近づいたのは愛情のためではなかったと、ずばり手紙で言ってのけたことさえある。この結婚が相当部分財産に惹かれてのものなのは否定できないところであった。とはいえ彼女は良くできた女性であり、ディズレーリにとって精神的な良き支えとなり、二人の間には始まりはどうであれ良好な関係が築かれていった。

外交家ディズレーリ

やがてディズレーリはグラッドストンと双璧を成す、ビクトリア朝を代表する大政治家へと成長したが、特に外交方面での彼の業績は目覚ましい。彼は七四年から二度目の首相を務めたが、七五年にはスエズ運河の株式を買収した。蔵相も外相もスエズ運河買収には反対であったが、ディズレーリは一時間半の激論で、反対意見をねじ伏せた。この時議会は閉会中で、政府は資金を借金に頼るしかなかったが、ディズレーリはユダヤ人金融財閥ロスチャイルド家の支援を引き出した。ディズレーリはユダヤ人であり、その血筋を利用した一手である。担保は何かと尋ねるロスチャイルドに、差し出された担保はイギリス政府。ロスチャイルドはあっさり融資を承諾した。ところでスエズ運河はアジアとヨーロッパをつなぐ要衝、アジアとの交易を推進し、インドで植民地を経営する、イギリスにとって計り知れない戦略的価値を有している。運河に利権を持てたことは、イギリスにとって実に幸運であり、女王も国民もディズレーリの仕事を賞賛した

この他ビクトリア女王をインド皇帝に推戴し、ロシアの拡大政策を阻止し、彼の外交上の成果は色々と華々しい。

女王にへつらうディズレーリ

ビクトリア女王は意外とやっかいな人物であった。良心的で真面目な女王であるが、時折、妙にわがまま頑固で周囲をひどく困らせる。即位直後には女王のわがままで政権交代が二年も妨害されたことがあった。女王の最愛の夫アルバートが死んだ後には、女王は長きに渡って喪に服し、政務を投げ公式行事から身を引いて、一〇年に亘り喪服姿しか見せなくなった。さすがにこれには国民の間に、女王不要論さえ巻き起こった。

この意外と難しいビクトリア女王の扱いに、ディズレーリは誰も及ばぬほど巧みであった。ディズレーリはもういい年の女王のことを、「妖精」と呼んで褒めそやす、口が上手くて軽い男。女王が文芸創作に手を出せば、自分が小説家なのを良いことに、われわれ著作家と声をかけ、女王の自尊心を満たしてやる。この山師上がりのおべんちゃら使いに、女王陛下はコロっと参っていた。夫の死後の一〇年にわたる虚脱状態から、女王を立ち直らせたのは、ディズレーリであったと言われる。胡散臭

い山師におだてられることで、女王は真面目に政務に励む、かつての姿を取り戻したのである。女王は宮殿の庭で摘んだ桜草を、かごに盛ってディズレーリに贈り届けてやるほど、彼のことを寵愛し、これにはディズレーリも大喜び、そのため二人は恋仲と噂された。ところでディズレーリの政敵のグラッドストンは、山師のディズレーリとは異なってかなり真面目な男だったのだが、女王はこの男についてはひどく嫌っていた。

ディズレーリの華々しい外交の成果が、実は女王の虚栄心を満たすためのものであったこともある。インド皇帝への推戴は、インド女帝の響きをいたく気に入って、どうしてもその名を欲しがるビクトリアのため、行われた行動であった。とはいえディズレーリほどの男が実際上の利益を考慮しないはずが無く、インドと本国の関係強化という、政策的意図も併せ持っていたのだが。

ところで喜々として女王にへつらうディズレーリは、そんな自分の行動と女王について、冷静に見下ろすような、酷薄な別の一面も持っていた。彼は王室との接し方について、否定せず、反駁せず、ときどき忘れるのだと語っている。

ディズレーリは一八八一年に死亡した。ビクトリア女王はこの最愛の臣下のために国葬にすることを提案したが、遺族は遺言に従って、女王の提案を辞退した。女王はこの最愛の臣下の墓に自ら親しく訪れたという。

ヴィルヘルム一世を支えて
ドイツ統一に剛腕を振るった鉄血宰相

ビスマルク

オットー・フォン・ビスマルク
Otto von Bismarck
(1815~1898)

ヴィルヘルム一世
Wilhelm I
(1797~1888)

意外と弱い鉄血宰相――泣き虫宰相ビスマルク

オーストリアとプロイセンが激突した普墺戦争《ふおうせんそう》はプロイセンの圧倒的優勢で終わりを迎えつつあり、武人達は勝ち戦の勢いにこの上なく乗っていた。プロイセン軍もプロイセン国王も敵首都ウィーンさえ落とさんと鼻息荒く意気込んでいた。ところがこの情勢下プロイセン宰相ビスマルクはみっともないほどに声を上げ、自室に籠もって泣いていた。勝利に感極まっての涙ではない。追いつめられて泣いていたのだ。

宰相としてプロイセンの内政外交の舵を取り、プロイセンをドイツ統一に向けて駆り立てる立場にあるビスマルクは、この時、戦後の国際情勢を見据えており、オーストリアを惨めに叩き伏せ恨みを買うことは、なんとしても避けたかった。仮にオーストリアの恨みを買えば、その後のドイツ統一事業が著しく困難になる。ドイツ統一の完成の前には、必ずやフランスの妨害が予測され、これを除くためのフランスとの戦争が遠くない将来行われるが、恨みを残したオーストリアがもしもフランスに付くならば、その戦争の勝敗は極めて危うい。どうにかしてオーストリアの恨みを残さず、目下の戦争を終結せねばならなかった。

にもかかわらず調子づいた国王と軍人達は、彼の意見に耳を貸さない。それで彼は泣きわめき、四階という自室の高さを利用して、投身自殺さえ考えるのだった。

権謀術数の達人で、イエスマンに囲まれることを喜ぶ権勢欲の亡者、数十年前に受けた恨みにさえ今起きたかのように怒りを燃やす執念深い憎悪の人、時に辞任をちらつかせて国王を脅迫し、国王に自分の意見を丸飲みさせる臣下にあるまじき傲慢な男、高圧的な政策で国内外を振り回し、鉄血宰相の異名を取った物騒極まりない武断政治家、ビスマルクは確かにそのような男であった。しかしそんな凶悪な男ビスマルクには、この様に弱り切った姿をさらすことが、実はしばしば見られたのだ。この時は平和主義者である王太子の取りなしのお陰で、ウィーン攻撃は回避されたが、その後のフランスとの戦争で、またもビスマルクと国王および軍部との対立は繰り返されることになった。独裁者として好き放題に権力を行使した、そのようなイメージのあるビスマルクであるが、所詮は宰相、所詮は補佐役、国王や軍部が本気で彼を拒否すれば無力に泣き叫ぶしか無い存在であった。

国王ヴィルヘルムと宰相ビスマルクの愛憎入り交じった人間関係

ビスマルクはしばしば国王(後に皇帝)のヴィルヘルム一世と対立した。そして既に触れたように、国王に取り合ってもらえずにビスマルクが涙することもあれば、辞任をちらつかせるビスマルクに国王がしぶしぶ従うこともあった。謁見から帰ったビスマルクが、陛下の臣下は勤められないと切れて叫んだこともあり、ヴィルヘルムがビスマルクのような宰相の上で国王を務めるのは大変だと、愚痴をこぼしたこともあった。国王は単純誠実律儀な武人、宰相は目的で手段を正当化する無節操なまでの謀略家、対立の背景には気質の違いも存在した。

しかし彼らは、これほどまでに食い違いながらも、お互いのことを認めていた。国王はビスマルクを帝国にとって自分より重要と評価しており、ビスマルクは自分を皇帝の忠実な召使いと認識していた。ヴィルヘルムが死んだとき、ビスマルクはその旨帝国議会に報告することになったのだが、その報告は全議員に聞こえるむせび泣きによって、何度も途切れさせられた。報告を終え着席したビスマルクは、顔を両手で覆ってしまった。憎み呆れ、それでいて尊敬し合った、なんとも複雑な君臣関係であった。

宰相ビスマルクの業績

ところでビルマルクが愛する国王のために、国王といがみ合いながら成し遂げた宰相としての業績を概観しよう。一八六二年、国王は陸相ローンの推薦を容れ、勝手気ままかつ物騒な行動でキチガイ男として鳴らしていたビスマルクを、嫌々ながら宰相に任命することになった。この時国王は軍備増強を望んでいたが、議会はこれを否決して国王と対立、国王は議会と妥協するなら退位すると語り、政治は危機的状態にあった。ここで奇人ビスマルクが危機を突破するだけの行動力ある男として起用されたのである。

宰相となったビスマルクは、議会を無視して統治を行い、軍備増強も強行した。そしてオーストリアやフランス相手の戦争を断行し、巧みな外交戦略で、見事な勝利をもたらした。重ね重ねの戦勝はドイツ人の目を内より外に向けることになり、勝利の味にドイツ人は酔いしれた、自然とビスマルクの政策は国民的な支持を集めるようになる。やがて議会との関係が危機化することはなくなった。ところで戦勝の結果、プロイセンはドイツを統一し、ヴィルヘルム一世を皇帝とするドイツ帝国が成立したが、ドイツ帝国成立後もビスマルクは外交家として辣腕を振るった。彼は諸国との間に巧みに同盟網を編み上げて、敗戦への復讐を誓うフランスを孤立化、ドイツ帝国の安寧を守り続けたのである。

ところでビスマルクの手腕は内政面についても相当のものであった。彼は新興市民階級の要望を先取りする形で自由主義的な経済政策を実施し、それに加えて鉄道、銀行、郵便など経済発展の基盤となる制度を整備、ドイツ経済の飛躍を助けた。また彼は社会保険制度による弱者救済にも取り組んだ。ビスマルクは君主制の絶対的な信奉者で、民衆、社会的弱者、民主主義というものに何らの共感を抱いておらず、むしろ軽蔑すら示していた男であるが、君主制への支持を広め、君主制への敵対勢力を分断するためなら、新興市民や労働者に向けて餌を撒くことも辞さない男、無節操に理念や主義を棚上げできる、権謀術数の人であったのだ。この男の元でドイツ社会は上からの革命と呼ばれる変革を被ることになった。

ビスマルクの最晩年

一八八八年皇帝ヴィルヘルム一世は九一歳で死亡した。病身の老皇太子が後を継いだが、わずか九九日の在位で死亡、帝位は若きヴィルヘルム二世のものとなった。最初ビスマルクはこの若者を皇室ホーエンツォレルン家の真の後継者、ドイツの希望として賞賛し、若き皇帝はビスマルクへの心酔を何度も口にした。しかしビスマルクは早々と若き皇帝の未熟さを見抜き、ヴィルヘルムの短気、落ち着きのなさ、お世辞に弱い性格を、ドイツの進路を誤らせるものとして危険視するようになった。

ヴィルヘルム二世の側がうるさ型の爺を疎んじるのにも、大して時間はかからなかった。二人の仲は決裂しビスマルクは九〇年に辞任、以後、メディアを通じて皇帝や政府への批判を垂れ流しつつ、不平に満ちた最晩年を過ごした。

【コラム①】名補佐役に学ぶ上司の扱い方

有能な補佐役にとって上司との関係は難しいものである。働かなければ責任を問われかねず、働いたら働いたで、上司の頑迷さと衝突しかねない。現代でも上司の扱いに頭を痛める方は多いであろう。しかし上司との関係に苦しむ補佐役がいる一方で、この上なく巧みに上司を転がした器用な補佐役もいる。ここではそのような歴史上の補佐役の言葉から、補佐役として上司に対応する際の巧いやり方を学んでみたい。

一九世紀のイギリスに君臨したビクトリア女王の下で首相を務め、女王の扱いにこの上なく長けていた政治家ディズレーリは本分でも軽く触れたが、王室との接し方についての秘訣をこう語っている。

「**私はけっして否定しません。反駁も一切しません。ただ、ときどき忘れるだけです**」

（小林章夫『イギリス名宰相物語』講談社現代新書、一四一頁）

過ちに迎合するのは愚かなことだが、上司の自尊心を傷つけて、意固地になった上司が過ちに固執すれば大問題である。よほどの大器でない限り、有能良心的な人間でも、諫言を素直に聞き入れるのは難しいのだから。上司を凌ぐ能力を自負する人物にとっては、上司に機嫌良く御輿に甘んじてもらえるよう、適当に聞き流して、ときどき忘れるというのは、なかなか賢明なやり方と言えるだろう。

Great Number Two Leaders in Human History

第2章
北欧 東欧

史上最強補佐役・宰相・顧問・右腕・番頭・黒幕・参謀

中世デンマークの英主バルデマー大王を
聖俗両界に渡る活躍で支えた親友

アブサロン

アブサロン
Absalon
(1128~1201)

ヴァルデマー一世
Valdemar 1
(1131~1182)

バルデマー大王

一二世紀のデンマーク王バルデマー一世は、一一五七年に二六年に亘って続いていた内戦を終わらせた。内戦の間デンマークはドイツ東方のスラブ系住人ウェンド人の侵入を防ぎ止めることができず、その結果国土は荒廃に陥っていたのだが、バルデマーは要衝に築城するとともに積極的な攻勢作戦を展開、ウェンド人の脅威を叩き潰した。彼はその業績により大王の尊称で呼ばれる。

アブサロン——聖俗両面の活躍でバルデマーを補佐した乳兄弟

バルデマー大王には親しい仲の友人がいた。その友人アブサロンはデンマークの最有力貴族ビーデ家の生まれだが、バルデマー大王は幼少時ビーデ家で養育されており、二人は乳兄弟の関係にあったのだ。

この乳兄弟は長じては良き主君と補佐役となり、お互いに助け合うことになる。一一五七年デンマークの支配権を確立したバルデマーは、パリ大学で神学を修めて帰国してきたこの友を、ロスキレ司教に選出されるように後押ししてやった。一方アブサロンはバルデマーの助言者、補佐役となって、以後聖俗両面に渡る活躍で、バルデマーの治世を良く支えた。

教会との関係では一一六〇年代、バルデマーがルンド大司教エスキルと対立していた時期に、アブサロンは調停役として活躍したし、その後もアブサロンは国王と教会の提携のために努力した。

俗界における活躍としては、アブサロンはドイツ方面への外交戦に活躍したし、また戦争においてもバルデマーを助けた。アブサロンは一一六〇年代のウェンド人との戦争にも加わり、一一六九年にはリューゲン要塞に対する攻撃を指揮、見事要塞の攻略に成功を収めている。なお戦争の間の一一六七年、アブサロンは国土防衛と勢力拡大の拠点としてハウンの要塞を建設したが、これは現在のデンマークの首都コペンハーゲンへと発展していく。

多方面にわたる活躍で治世を支える友人に対しバルデマーの信頼は益々深まり、一一七七年にはアブサロンは王の寵愛を背景に、ルンド大司教の地位も手に入れている。

ところでこの他、文化面でもアブサロンには大きな功績がある。デンマークの神話・伝説・歴史を記し、デンマークの国威を発揚した大著『ゲスタ・ダノールム（デンマーク人の事績）』の成立がそれである。この書の著者サクソ・グラマティクスはアブサロンの書記であり、アブサロンの要請でこの国威発揚の書を書き始めたのである。

バルデマー死後のアブサロン

バルデマー大王は一一八二年に死去したが、その後はアブサロンはバルデマーの後継者クヌード四世の治世を支えた。彼は事実上、クヌードの摂政であり、政治の実権を握っていたらしい。アブサロンは一一八四年に遠征軍を率いて、ポメラニアとメクレンブルクにデンマークの勢力を広げるなど活躍した。

ハンガリーの英雄「正義の王」
マーチャーシュを支えた元個人教師

ビテーズ

ビテーズ
Vitez Janos
(1408?~1472)

マーチャーシュ１世
Mátyás 1
(1443~1490)

「正義の王」マーチャーシュ一世とハンガリーの黄金時代

一五世紀のマーチャーシュ一世の治世はハンガリーの黄金時代の一つであった。マーチャーシュは国内では中小貴族の支持を基盤に大貴族の横暴を抑制した。彼は司法・軍制改革を断行し、市民や外国人、中小貴族の登用によって官僚団を育成し、中央集権化を達成したのである。またマーチャーシュは対外的にも目覚ましい業績を上げた。軍制改革の成果である「黒軍」という傭兵軍を率いて、彼はハンガリーの領土を拡大、チェコ、オーストリアにまでまたがる一大帝国を築き上げた。

マーチャーシュは文化の振興にも力を注ぎ、書籍を収集し、学者や芸術家を王宮に招いた。彼の治下でハンガリーはルネサンスの最大の中心地の一つであった。

マーチャーシュ一世は「正義の王」の異名によって、今日でもハンガリー人に親しまれている。

マーチャーシュの師ビテーズ

マーチャーシュの国政改革は優れた学者にして聖職者、政治家であるビテーズの進言を活用してのものであった。このマーチャーシュの補佐役は、マーチャーシュの親類で、マーチャーシュの幼い頃にはその個人教師を務めていたが、マーチャーシュが王位に就いてからは彼はその良き補佐役となった。かねてより反大貴族の中央集権論者であったビテーズは、マーチャーシュの即位直後、若き新王が大貴族の言いなりにならないよう注意して後見したが、マーチャーシュは師の期待通り、大貴族の操り人形にならなかった。マーチャーシュはビテーズの弟子として熱心に中央集権化に取り組んだ。

ビテーズ反逆

しかしマーチャーシュとビテーズの仲はしだいに亀裂を生じていった。成長した弟子は師から独立した立場を取るようになり、彼ら二人の判断は食い違った。ビテーズはマーチャーシュがオスマン・トルコと全力で戦うことを望んだが、マーチャーシュの方はチェコに対する侵略戦争に熱心で、これはビテーズにとって大いに不満であった。またマーチャーシュの推進する中央集権化がビテーズの望まない次元まで到達してしまい、そのことも二人の間の亀裂を大きくする。ビテーズはエステルゴムの大司教となりハンガリーの教会の最高位に君臨していたのだが、マーチャーシュが教会収入と教会の特別課税権を没収したため、ビテーズはマーチャーシュに対し激怒したのである。かくして二人の亀裂は広がりきり、一四七一年マーチャーシュとビテーズの関係は完全に決裂、この年ビテーズはポーランド王カジミェシをハンガリー王位に招く反逆の陰謀の首謀者となった。

とはいえこの陰謀は事前に発覚してしまい、マーチャーシュはビテーズを逮捕した。結局マーチャーシュは情愛に負け、ビテーズを釈放してしまうのだが、屈辱にまみれた老政治家ビテーズの寿命はその後長くは持ちこたえず、翌年死亡してしまった。

ステファン・バートリらを支えポーランドを
内憂外患による衰退から守った名補佐役

ザモイスキ

ヤン・ザモイスキヤン・ザモイスキ
Jan Zamoyski
(1542~1605)

ステファン・バートリ
Stefan Batory
(1533~1586)

ポーランドの選挙王制

一五七二年、ポーランドを支配するヤギェウォ朝の王ジグムント・アウグストが子供に恵まれないまま死亡、ここでヤギェウォ朝の男系は断絶した。ポーランドは強力な貴族勢力による議会政治が発展していた国であり、これ以降は貴族達が選挙によって国王を選出する選挙王制の時代に突入するのだが、この選挙王制の時代において、ポーランドは不運が重なって空位と選挙を繰り返し、隣国オーストリアに君臨するハプルスブルク家はそこに付け込んでポーランドに支配を及ぼそうとする。

ところがこの混乱期にあって、ポーランドは一人の名宰相を擁していた。宰相ザモイスキは、この間ポーランド貴族の筆頭として国王と国王候補を補佐、政治・軍事に優れた手腕を発揮してハプスブルク家の勢力に抵抗していったのである。

ザモイスキ

ザモイスキは、若き日にはフランスの大学でローマ法等を学び、学生団の団長に選ばれるほどであったが、ポーランドに帰国するやジグムント・アウグスト王の秘書官に任命され、宮廷文書の整理を担当することになった。やがてジグムント・アウグストが死去すると、これ以降ザモイスキは貴族勢力の中心として、ポーランドの政局を主導していくことになる。ここでザモイスキの抱える最大の課題は、選挙王制の実施に当たり、ハプスブルク家の送り込んでくる国王候補を退けること。ハプスブルク家がポーランドを支配した場合、ポーランド貴族が抑圧される可能性が高く、またトルコと強い敵対関係にあるハプスブルク家によって、ポーランドにまでトルコとの戦争が強制されかねないからである。

一五七三年、新たな国王を選ぶ選挙が行われたが、この選挙ではザモイスキの主張が通って、フランスの王家ヴァロア家のアンリが国王に選出された。ザモイスキが即位要請の使者としてパリを訪れ、アンリはポーランド貴族の権利の尊重を約定し、ヘンリク・バレジを名乗ってポーランド王に即位することとなった。だが不幸なことに翌七四年フランス王シャルル九世が死亡、アンリがフランス王位を継ぐためにフランスに帰国してしまう。そのため一五七六年再び選挙が行われたが、この時はトランシルバニア公バートリ・イシュトバーンとハプスブルク家出身のドイツ皇帝マクシミリアン二世、二人の国王が選出された。これは二派に分かれての内戦の危機であったのだが、マクシミリアンの急死という幸運により、辛うじて内戦は回避されることになった。ザモイスキの推すバートリ・イシュトバーンが国王ステファン・バートリとして即位することになった。

ザモイスキの絶頂期

ステファン・バートリはザモイスキを重用し、ザモイスキも新国王を精力的な働きでよく補佐した。ザモイスキは七六年に副宰相、七八年には宰相となり、内政に外交に采配を振るった。貴族層の中心であり貴族に抑えの効くザモイスキと、これをよく信任する国王が上手く協働することにより、王権は強化され、財政、軍事の改革が進んだ。この頃ポーランドはバルト海東岸の支配をめぐるロシアとの戦争を抱えていたために、課税や軍事力の拡充を必要としていたが、課税による負担増加や、貴族層の抑圧につながりかねない国王軍の強化は、貴族層の反発を受けかねない実現困難な政策である。それが貴族間に人気のあるザモイスキの尽力のお陰で、国王はそれらの措置について、貴族達の支持をとりつけることができた。

またザモイスキは軍を率いても活躍、対ロシア戦争において指揮官として戦功を立て、一五八一年にはヘトマン（王国軍総司令官）の地位までその手中に収めることになった。

一五八三年にはザモイスキは国王の姪を妻に与えられることになった。

ザモイスキ苦悩の時代

ところが一五八六年、ステファン・バートリが急死し、翌年の国王選挙ではハプスブルク家のマクシミリアン大侯とスウェーデン王子シイスムンド・バーサの二人が国王に選出されてしまう。ここでザモイスキはシイスムンドを支持、マクシミリアン軍を破ってマクシミリアンを捕虜とし、内戦に終止符を打った。かくしてシイスムンドはジグムント・ヴァーザを名乗ってポーランド王位に就くことになった。

王位就任に果たした貢献にもかかわらず、ジグムント・ヴァーザとザモイスキの関係は、良好とは言えなかった。国王は総司令官の強大な権力を恐れていたし、政策判断でも国王とザモイスキの意見は食い違った。国王は内政面では貴族を抑圧したし、外交的には親ハプスブルクの政策を採用したのである。しかしそれでもザモイスキは国王に背くことはなかった。国王が貴族達の意向を無視して信仰の自由を抑圧し、カトリック教会を優遇したことで、ポーランド貴族の間にはしだいに反乱への思いが募っていったのだが、この情勢下ザモイスキはというと内乱を回避する為の努力を続けていた。内乱になれば益々ハプスブルク家を利するのみ、そう判断しての苦渋の決断であった。とはいえザモイスキの努力は、彼が存命の限りでしか、効果を発揮しなかったのであるが。

やがて一六〇五年にザモイスキが死去すると、翌年にはゼブジドフスキを指導者とする貴族の反乱が勃発、やがて妥協が成立して反乱は二年で終わったものの、内乱の結果、国王の権威は大いに衰えることになった。

大貴族の台頭とポーランドの衰退

ザモイスキは新興の大貴族（マグナート）であった。彼は父親から相続した四つの農村を二百以上に増やし、一一の都市を新たに領有するに至ったと言われる。このようなマグナートの台頭は、ポーランドにとっては頭痛の種であった。ザモイスキ個人に限れば、貴族層の人望厚く、王権の良き支えであったが、マグナートは一般には、官職独占等によって貴族層一般の利益をないがしろにし、横暴な政治行動で王権を弱体化させる存在であった。そして一六〇六年からの内乱で権威を失い弱体化した王権は、大貴族を統御することができず、以後、大貴族（マグナート）の専横が続いてポーランド議会は麻痺、政治は迷走し、ポーランドは急速に国家としてのまとまりを失っていった。

スウェーデンの天才国王
グスタフ・アドルフを補佐した氷の宰相

オクセンシェーナ

アクセル・オクセンシェルナ
Axel Oxenstierna
(1583~1654)

グスタフ・アドルフ
Gustav Adolf
(1594~1632)

炎のような天才国王を支える冷静無比の氷の宰相

一七世紀スウェーデンのグスタフ・アドルフは、北方の獅子の異名で呼ばれる偉大な軍人国王であった。彼の指揮下にスウェーデンは数々の戦争に勝利し、バルト海を包み込む大帝国へと躍進した。また彼は十二、三歳で外国の使節を引見し、十五歳にして地方統治の任に当たったほどの、早熟な政治的才能の持ち主であった。彼の統治下でスウェーデンは政治機構を整備、その影響は現代スウェーデンにまで及んでいる。さらに彼は五カ国語を使いこなし、自然科学に造詣が深い等、多彩な才能を兼ね備えていた。

ところでこの天才は炎のように燃えさかる衝動的な人格の持ち主であったが、彼の傍らには、これとは対照的な冷静無比の名補佐役がいた。グスタフ・アドルフはその補佐役について、誰も彼もお前のように冷静になれば何もかもが凍り付いてしまうと評しているが、補佐役からの返答は、誰もが陛下のように熱くなれば何もかもが燃え尽きてしまうというものであった。この氷のように冷静無比な名補佐役がスウェーデン史上に名高い名宰相オクセンシェーナ、同国史上最大の政治家の一人とされる人物である。

オクセンシェーナの業績

グスタフ・アドルフはオクセンシェーナを厚く信頼し、難局打破のため神が与えた手足であるとまで評していた。オクセンシェーナはこの信頼の下、国王と協調して国政を改革、それまで立法機関としての体を為していなかった国会を改革し、また行政機構を整備して近代的な官僚制を作り上げた。

またオクセンシェーナは商業関係の法整備や郵便制度の施行等によって商業を促進し、ウプサラ大学の長として学問を振興、さらに軍事外交においてもその手腕を振るった。ドイツの打ち続く大戦乱、三十年戦争にスウェーデンが介入、国王グスタフ・アドルフ自ら出征した際には、オクセンシェーナも同行、占領地域の総司令官となって戦場の国王を後方から支援した。それどころかオクセンシェーナは軍の統率に当たったことさえある。一六三二年、ニュルンベルクで籠城するグスタフ・アドルフの為に五万もの増援軍を結集、引率したのはオクセンシェーナであった。

グスタフ・アドルフとオクセンシェーナの潜在的な対立関係

国王グスタフ・アドルフと宰相オクセンシェーナは互いに敬意を抱き、国王は宰相を生涯にわたって友人として遇していた。しかしこの二人は根本的な政治理念では実は一致していない。すなわち宰相は貴族階級の特権の擁護者であり、一方、国王は貴族を抑制して王権を強化することを望んでいた。そしてグスタフ・アドルフが宰相から独立した立場で政治判断を下そうとしていた時期もあった。しかし最終的に、グスタフ・アドルフは万事を、軍事戦略に至るまで、オクセンシェーナに相談するようになり、彼との別行動の際には、適時にその助言が得られないことを嘆くまでに至っている。ちなみに理念対立を越えて二人に友情が成り立ったのは、政治改革と外交という政策次元で、共通の見解を有していた故であるという。

ロシアのピョートル大帝、
エカチェリーナ大帝を支えた
胡散臭くも有能な補佐役達

メンシコフ
&ポチョムキン

アレクサンドル・メーンシコフ
Aleksandr Danilovich Menshikov
(1673~1729)

ピョートル一世
Pyotr I
(1672~1725)

ロシア大帝の怪しげな取り巻き達

ヨーロッパの辺境国家ロシア帝国が西洋列強の地位にのし上がるに当たって、最大の貢献をした人物はピョートル一世とエカチェリーナ二世だろう。ピョートルはロシアに西ヨーロッパの先進的な技術と知識を導入、国政と軍制を改革し、バルト海の覇権をかけたスウェーデンとの北方戦争に勝利、ロシアがヨーロッパの強国へと成長する礎を築いた。エカチェリーナ二世は、ロシアの領土を大いに拡張する一方、西欧の文人達との交際を通じてヨーロッパ国際社会におけるロシアの評価を高め、彼女の時代、ロシアはヨーロッパの強国として国際的認知を受ける。この二人の名君はともに大帝の尊称で呼ばれている。

ところでこれら二人の大帝の偉業は、絶対的な権威をもつ皇帝が精力的に強権を振るうことで成し遂げられたが、強権的で精力的な皇帝の周りには、皇帝と親密になることで権力のおこぼれに預かろうとする胡散臭い取り巻きが群れ集まっていた。ピョートルの周りには出自の怪しい連中、下層や外国生まれの山師達が集まり、ピョートルの親愛を受けていた。エカチェリーナの周りには、愛欲盛んなエカチェリーナに性的に奉仕する無数の愛人達が入れ替わり立ち替わり、魅力的な姿を見せていた。

メンシコフ――下層からピョートル大帝第一の寵臣に登り詰めた男

ピョートルの周りに集う胡散臭い取り巻き達、彼らはピョートルの親愛の他に頼るものはなく、それ故ピョートルのために粉骨砕身働いた。彼らはなるほど胡散臭く、役所の中で暴力沙汰に及び、公金を好き放題に費消するようなろくでもない連中であったが、ピョートルへの忠誠・服従の点では折り紙付きであり、ついでに言えば能力の点でも大した連中であった。そんな胡散臭い逸材達の中でも、極めつけの存在がメンシコフ、出自の怪しさでも有能さでも人並みはずれた、ピョートル第一の寵臣。彼は最下層に生まれて、ピョートル治下の最有力政治家にまで登り詰めた当代随一の幸運児であった。

メンシコフは宮廷付きの馬丁の息子と言われ、子供の頃モスクワ街頭で饅頭売りをしていたとまで噂される、極めて貧しい生まれの男であった。屋敷を抜け出して、そこらの子供を身分構わずかき集め、日々兵隊ごっこに興じていた子供時代のピョートルと彼は遊び仲間であった。ピョートルは身分で人を隔てぬ性格で、なにがしか自分に有意義な人間を、父親が誰か問うことなしに取り立てる男であったが、行動力、知力、精力に溢れたこの卑しい男をピョートルは自分の助手にして遊び、長じては自分の第一の寵臣とした。彼は三〇年に亘りピョートルの右腕として活躍し、軍人として、政治家として辣腕を振るった。特に軍事方面の活躍は目覚ましく、彼は北方戦争で多くの勝ち星を挙げ、ついには元帥の地位に昇って、軍に対する強い影響力を誇った。

ところでメンシコフの権勢の支えとなったのは、なによりピョートルの親愛と自分自身の有能さだが、それ以外にもさらに一つ重要な要素があった。ピョートルの皇后エカチェリーナ、後の皇帝エカチェリーナ一世は農民の娘に生まれたが、メンシコフ邸で働いていたところをピョートルに見初められ、皇后の地位に昇っていたのである。彼女と元雇い主メンシコフの間には、ともに卑しい生まれの者として連帯感情があり、皇后となったエカチェリーナはメンシコフの保護者として何度もメンシコフを助けた。メンシコフは傲慢かつ強欲な男で、ひっきりなしに収賄罪の嫌疑と調査を受けており、担当調査官を裁判にかけることで強引に調査を逃れたことさえあった。しかし晩年、ついに愛想を尽かしたピョートルによってメンシコフは断頭台に送られかかる。この時ピョートルに取りなしてメンシコフの命を救ったのも皇后エカチェリーナであった。

ピョートルは一七二五年に後継者を定めずに死んだが、ここで皇帝に即位したのは、なんと皇后エカチェリーナであった。彼女の背後には軍隊を掌握したメンシコフがおり、エカチェリーナ一世即位後、政治権力はメンシコフの手中に収まった。メンシコフに政治を丸投げしていた彼女が二年後に死ぬと、メンシコフは新皇帝ピョートル二世によって逮捕されてしまう。メンシコフはシベリアに流刑となり、一七二九年、その地で死亡した。

ポチョムキン――エカチェリーナ大帝の秘密の夫と言われた寵臣にして名補佐役

ポチョムキンはエカチェリーナ二世の無数の愛人の一人であった。エカチェリーナの愛人は顔は良くても頭が空虚な、飾り物のような男も多かったが、ポチョムキンは頭も切れる有能な男であった。

エカチェリーナ二世を皇帝に押し上げた一七六二年のクーデターに参加した小貴族ポチョムキンは、その後女帝に才能を見出され、将軍として活躍していた。やがて一七七四年からの二年間、彼はエカチェリーナの愛人を務めた。この愛人は優れた知力と旺盛な精力で、女帝を公私両面で、たいへん満足させることになり、エカチェリーナとポチョムキンの間の親愛と信頼は、二人が秘密の結婚式

グリゴーリイ・アリェクサーンドロヴィチュ・ポチョムキン
Grigoriy Aleksandrovich Potyomkin
(1739~1791)

エカチェリーナ２世
Yekaterina II
(1729~1796)

を挙げていたとの伝承を残すほどであった。
ポチョムキンは女帝の絶対的な信頼の下、たちまちのうちに秘密参議会参事官、軍法会議副議長、陸軍主席大将など、様々な要職を兼職するようになり、彼は女帝を補佐して辣腕を振るった。やがてポチョムキンとエカチェリーナの関係は、性的な意味では冷え込んでしまい、二人は旺盛な性欲を若い愛人へと完全に移してしまうのだが、両者の信頼関係はその後も強固なままであった。そもそも有能なポチョムキンはエカチェリーナにとって大切な補佐役であったし、ポチョムキンは、愛人でなくなった後も、次々エカチェリーナの元に手駒の美青年を送り込んで、エカチェリーナを性的に満足させ続けた。ポチョムキンは結局、彼の死の時まで、エカチェリーナ治下の最有力の政治家であり続けた。

愛人時代もその後の時期も、彼は様々な軍事作戦の指揮に当たって、多くの武勲を立てた。また軍の統率以外でも彼は辣腕を振るっており、黒海方面において、開拓や艦隊・商船団の建造、港湾の建設といった開発事業に手腕を発揮した。

ところでポチョムキンの最晩年、エカチェリーナはポチョムキンの政敵が送り込んだ美男子にのぼせ上がってしまう。ポチョムキンの息のかかっていない愛人にエカチェリーナがそこまで入れ込んだことは、ポチョムキンが愛人となって以来絶えて無かったことであり、ポチョムキンは最晩年を不安のどん底で過ごした。とはいえエカチェリーナの方はと言うと、ポチョムキンへの親愛を全く失ってはおらず、一七九一年ポチョムキンが死んだ際、知らせの手紙を受け取った女帝は、悲しみの余り気を失った。

ルーマニア王カロル一世と
ブルガリア王フェルディナンドを
支えて近代化改革に励み
ビスマルクに喩えられた名補佐役

ブラティアヌ
& スタンボロフ

ヨン・ブラティアヌ
Ion Bratianu
(1821~1891)

カロル一世
Carol I
(1839~1914)

○○のビスマルク

ドイツの宰相ビスマルクは歴史上の名宰相の代表的人物だが、それ故に他国の優れた大物政治家には、しばしばビスマルクの異名が付けられている。我が国の伊藤博文《いとうひろぶみ》や、インドのパテール、カウティリヤなどがそれである。そしてまた東欧諸国にもビスマルクの異名で呼ばれた名宰相がいた。

「ルーマニアのビスマルク」ヨン・ブラティアヌ

かつてルーマニアの地はワラキアとモルダビアの二公国に分かれており、両国はオスマン・トルコ帝国の支配を受けていた。ところがこの二公国では一九世紀にルーマニア民族主義が高揚、トルコから独立して両国を統合、ルーマニア人の独立統一国家を創ろうという動きが生じてきた。

ヨン・ブラティアヌはこの様な時代のワラキアに生を受けた。彼はパリで学んだ後、一八四八年の独立革命に活躍、革命が失敗した後も亡命先のパリからルーマニア統一と独立の為に働き続けた。

やがてワラキアとモルダビアは統一してルーマニアという国名の自治領を形成、さらに七八年には独立国への昇格を果たしたが、この時期のヨン・ブラティアヌはルーマニアの最有力政治家であった。

彼は一八七六年からの一二年間、一時の中断があるのみで、首相の地位をほぼ独占し続けた。彼はルーマニアへ民主制定着に指導的な役割を果たし、ルーマニア経済の工業化とルーマニアの財政機構の発展に力を注いだ。首相就任以前より彼はルーマニア大公(八一年から国王)カロル一世の寵臣であり、一八七〇年からしばらくは寵愛を失っていたものの、やがて寵臣としての立場を回復させている。

ステファン・スタンボロフ
Stefan Stambolov
(1854~1895)

フェルディナンド一世
Ferdinand I
(1861~1948)

「ブルガリアのビスマルク」スタンボロフ

ブルガリアもオスマン・トルコ帝国の支配と戦った国であった。スタンボロフは急進的な青年達が結成した革命組織、ブルガリア革命中央委員会に所属して独立闘争に参加、四月蜂起と呼ばれる一八七六年の民衆蜂起では、彼はその指導者の一人であった。

独立後のブルガリアでスタンボロフは政治家として活躍した。彼は国王アレクサンデルが一八八六年に退位すると、摂政団を率いて新国王フェルディナンドを擁立、新国王の下ではスタンボロフが政治の実権を掌握した。一八八七年からスタンボロフは首相の地位を占めた。

スタンボロフ首相は強力な指導力で経済インフラを近代化し、ブルガリア商工業の発展の基盤を整えた。しかし彼が強力であるが故に国王と彼の間では緊張が次第に高まっていく。即位に大いに貢献したとはいえ、スタンボロフの横柄さと強引さは国王にとって我慢ならなかったのだ。また国王とスタンボロフには外交方針を廻る対立もあった。スタンボロフは隣り合う大国ロシアの圧迫に抵抗し、それに加えて西洋諸国との経済協力を期待するという観点から、反ロシア親西欧外交を展開していたのだが、国王はロシアとの関係改善を求めていた。結果、九四年にスタンボロフ内閣は辞任に追いやられることになった。

ソ連の独裁者スターリンから
最重要課題を任され続けた忠実無比な名補佐役

モロトフ

ヴャチェスラフ・モロトフ
Vyacheslav Molotov
(1890~1986)

ヨシフ・スターリン
Joseph Stalin
(1878~1953)

ナンバー1になりかかったスターリンのナンバー2

一九四一年六月末ソ連はドイツの侵攻を受け、緒戦で壊滅的な敗北を喫した。この敗北に茫然自失したソ連の最高指導者スターリンは、一時、国家の指導を放棄したのだが、ここで経済官僚ボズネセンスキーが「ビャチェスラフ、前進しよう、我々はあなたについていく」（下斗米伸夫『ソ連＝党が所有した国家　一九一七〜一九九一』講談社選書メチエ、一二一頁）と言い、ビャチェスラフ・モロトフをトップに推戴しようとしたとの真偽不明の伝説がある。

モロトフはスターリンの外交担当として著名な男だが、この逸話からも分かる通り、ただの外交官には留まらない。モロトフはスターリンがダメならこの男と目されるほどの、実力あるナンバー2であったのだ。

スターリンの優先課題の引受人

モロトフとスターリンの関係は二人が共産主義革命家であった時代、一九一二年にまで遡る。ロシア革命が勃発し、共産党が権力を掌握した一九一七年頃には彼ら二人はアパートに同居していた。とはいえこの頃、モロトフはスターリンに批判的な立場を取っていた。

しかし一九二〇年代半ば、スターリンが共産党内で支配権奪取を目指し、権力闘争を始めて以降、モロトフはスターリンの忠実な右腕となる。二人の間には、スターリンが決め、モロトフが実行するという協働関係が成立した。その後モロトフは、スターリンの権力確立過程に当たる二〇年代には、共産党の政治局員やモスクワ市党書記として、党務を処理、党組織の監督や反対派への批判運動を取り仕切った。一九二八年のスターリンによる権力掌握と、その後の権力の盤石化を経て、三〇年にはモロトフは人民委員会議長（首相）となり、党務から転じて、政府を掌握するようになった。第二次世界大戦直前の一九三九年、外交問題がソ連緊急の課題となると、彼は外務人民委員（外相）を兼務し、ドイツとの間で不可侵条約を結んだ。彼のキャリアの変遷は、そのままソ連国家の抱える課題の優先順位を示していると評されている。

モロトフの忠誠心——たとえ殺されかかっても

モロトフは彼の妻共々、スターリンに対し絶対的な忠誠心を捧げていた。これに対しスターリンは晩年、ユダヤ人弾圧の一環としてユダヤ系のモロトフ夫人を逮捕追放した。また晩年のスターリンはモロトフを粛正対象と見なすようになった。命を脅かされたモロトフは、ストレスでヒステリーを発症、口を開くことができなくなり、薬を飲むにも苦労するほどであった。あと一年スターリンの死が遅ければ殺されていたとはモロトフ自身が回想するところである。しかしこのような仕打ちにも拘わらず、モロトフ夫妻の忠誠が揺らぐことはなかった。スターリンの死の際、ソ連指導部で心から哀悼したのは、モロトフのみであったという。また後にモロトフ夫人は夕食の席でスターリンをけなした者に対し、あなたはスターリンがどれほどの重荷を背負っていたか分かっていないと、その無理解を強くなじっている。

【コラム②】上司は有能すぎる補佐役にいかに対抗すべきか

歴史上有能すぎる補佐役を最終的に冷遇するに至る上司は多い。固い信頼関係で結ばれた君臣も多くはやがて関係を冷え込ませ、それどころか君主が補佐役に対し殺意を抱くことすら珍しくない。どうも有能すぎる補佐役に対する警戒を抑えることは、上司にとって容易なことではないらしい。しかし上司は補佐役に、そのように警戒・対抗しなければならないものだろうか。実はあまりその必要はない。

そもそも人の上に立つことの正当性や社会的承認は容易に手に入るものではなく、正当性を持つ者と待たざる者の間には、絶望的なほどの格差が存在している。そのような正当性は、時機と状況と運に恵まれ、あるいは生まれや歴史・伝統に支えられて、初めて身につけることが許されるものであり、ただ有能であれば手に入るようなものではないのである。結局補佐役という存在は、たとえ有能であっても、持つ者と待たざる者の間にある格差を飛び越える力がないために、補佐役になるしかない人間なのであって、上司にとってさして警戒する必要はない。補佐役の権勢は、同僚達の嫉妬と足の引っ張り合いの中、上司の権威と恩顧にぶら下がり、辛うじて維持されているにすぎないのである。絶大な勢力を誇った権臣が、君主の心変わりや代替わりとともに、あっさりと失墜する。歴史上にしばしば見られる光景である。上司は補佐役を警戒する暇があったら、身を守るために、もっとやるべきことがあると言える。歴史上の君主で言えば、警戒すべきは、補佐役よりも兄弟や息子、親族とその取り巻きたちであった。

Great Number Two Leaders in Human History

第3章
南欧

史上最強補佐役・宰相・顧問・右腕・番頭・黒幕・参謀

古代マケドニアの大征服者アレクサンドロス大王の
連戦連勝を支えた老練の副将

パルメニオン

パルメニオン
Parmenion
(400BC~330BC)

アレクサンドロス三世
Alexander the Great
(356BC~323BC)

大征服者アレクサンドロス大王を支えた最強の副将

古代マケドニアのアレクサンドロス大王は軍事的天才として知られている。彼は最精鋭を揃えた自軍右翼を直接の統率下に置いて攻勢を主導、自ら攻撃の先端となる精鋭騎兵隊とともに果敢に突撃して敵戦列を突破、側背から敵兵を追い立てて自軍の重層歩兵隊の槍ぶすまとの間で挟み撃つという、半包囲戦法を駆使して自軍の数倍のペルシア帝国軍を続けざまに撃破、史上屈指の大征服を成し遂げている。

ところでアレクサンドロスのこの戦法が成功するためには、彼が突撃している間、守勢を取って半包囲の完成を待つ最精鋭ならざる左翼が、最後まで持ちこたえることが必要である。ただ敵は数倍の兵力のペルシア軍、これに持ちこたえることは容易ではない。圧倒的大兵力の圧力に耐え抜いて、この課題を見事に達成できる優れた副将が、アレクサンドロスには不可欠だったと言える。そしてこの重要な役割を果たしたアレクサンドロスの副将がパルメニオン、マケドニア軍の元老とも言うべき老将であった。

前三三三年のイッソスの戦いではパルメニオンの守る左翼に全ペルシア騎兵の集中攻撃が行われたが、彼はこの攻撃を凌ぎきり、圧倒的兵力の敵騎兵に反撃することにさえ成功した。前三三一年のガウガメラの戦いでは、アレクサンドロスは敵陣を突破した後、戦況が定まる前に早々と逃げる敵兵を追って追撃に入ってしまい、そのため守勢に立つ左翼側と右翼側の戦列の間に間隙が発生、そこを突かれてマケドニア軍左翼は苦戦する。しかしこの時も左翼を指揮するパルメニオンは敵の猛攻を凌ぎきることに成功した。

絶大な権勢と忠勤の果ての報われぬ死

パルメニオンはアレクサンドロスの父フィリッポス二世とともにマケドニア軍を精強に育て上げ、将兵の信望を集める軍の最長老であった。前三三六年アレクサンドロスが王位に就くと、パルメニオンはアレクサンドロスに敵対する貴族の派閥と血縁関係にありながらアレクサンドロスを支持、アレクサンドロスはこれに厚く報い、軍の枢要な地位はパルメニオンの縁者・友人で固められることになった。

とはいえパルメニオンはその権勢にもかかわらず謙虚かつ忠実であった。温厚慎重な彼は、勇猛かつやや無謀なアレクサンドロスと戦略・戦術の判断でしばしば食い違い、時に王からきつい態度をとられたが、それでも彼は王に忠実であり続け、王の戦いを良く支えた。しかし彼の息子フィロタスは増長し、アレクサンドロスを小僧呼ばわり、王位にいられるのは自分たちのお陰と語るなど不敬な態度をとり続け、父に苦言を呈されていた。挙げ句にフィロタスは王の政策に対する反対派を形成、前三三〇年には国王暗殺計画を発見しながら報告もせず放置、そのため暗殺計画関与の疑いで処刑されてしまった。

パルメニオンはフィロタス処刑時、エクバタナに駐留し敵地深く前進するアレクサンドロスの背後を固めていたが、息子の処刑に対する反応を恐れた王は彼の謀殺を命令する。王が用意させた息子フィロタスを騙る偽手紙を手渡され、喜びの表情で読み入る老将軍に、王命を受けたエクバタナ駐留次席指揮官クレアンドロスは致命傷となる刃を浴びかける。愚かな息子に巻き込まれた、忠義の老将の哀れな最期であった。

古代ローマの軍閥首領スラを支えた
有能だが人望の無い補佐役中の補佐役

ルクルス

ルキウス・リキニウス・ルクルス
Lucius Licinius Lucullus
(117BC?~57AD?)

ルキウス・コルネリウス・スラ
Lucius Sulla
(138BC~78BC)

古代ローマの贅沢王

西洋には豪華な美食を指すルクルス流という言葉があるが、これは古代ローマの美食家ルクルスの名を元に成立した単語である。きらびやかな食器に美しい敷き布、合唱や演劇といった出し物、あらゆる趣向を凝らして開催される贅を尽くしたルクルスの宴会を知る友人達が、普段の生活の質素さでも見てやろう、そう思って街で出会ったルクルスにその日の食事への同席を要求し、準備のために日を変えたいというルクルスの願いを押し切って口にした食事は、かかった費用五万ドラクマ、当時の庶民の年収五千ドラクマに十倍する額であった。彼に質素な普段の生活など存在せず、客がいないからと簡素な料理など出せば、料理当番は叱責を受けた。その日はルクルスのところでルクルスさんが食事する大切な日なのだと。

このように贅沢に溺れ、古代の歴史家にその伝記を読めば、後半は食事や宴会など娯楽の話ばかりになると評されるルクルスであるが、しかしその前半生においては彼は非常に有能な男であった。彼は古代ローマ共和国の軍閥首領スラの下で忠勤に励み、その副将格としてスラを支えた名補佐役であった。

副将ルクルス――ルクルス栄光の時代

豊かな教養の持ち主であったルクルスは、軍人としては知謀に優れ沈着冷静であった。彼は前九一年に勃発したローマ共和国の内乱、同盟市戦争で、二一歳年上の親類スラの幕僚となり、軍人としての歩みを開始したが、スラはルクルスの冷静沈着さを高評価し、未だ二〇代のルクルスを重用、以後死ぬまでルクルスを信任する。その関係はスラはルクルスに最初から最後まで最高の役割を与えたと評されている。

紀元前八七年からのスラの小アジア遠征では、ルクルスは同盟諸国から軍船を集めて海軍を編成するという大役を与えられ、陸上で戦うスラを支援した。小アジア遠征中に首都ローマで政変が発生し、スラが国賊扱いを受けるようになっても、ルクルスはスラの下を離れることはなく、前八五年スラがローマ政府との戦争に乗り出すと、ルクルスは小アジアに残されて、以後背後の平穏を保ち、スラの力を十全に発揮させた。やがてスラは前七九年に死ぬが、死の直前にスラの著した回想録はルクルスに捧げられ、スラの遺言は幼い遺児の後見人にルクルスを指名していた。

ルクルスの迷走と引退

スラの死後もルクルスは優れた軍人として活躍し、前七三年からの小アジアでの戦争で彼は連戦連勝であった。しかし彼は戦闘には強いが、トップとして自らの名の下に人を統べる力を欠いていた。彼は自らの能力を信じる余り他人を見下し、人に理解を求める努力を欠き、兵士に全く嫌われていた。彼と兵士達の関係は、略奪を止めようとしても止められず、挙げ句には進軍さえ拒否される有様であった。彼は一敗もせぬうちに後退を余儀なくされ、遠征の最中に指揮権を奪われて、失意の内にローマへと帰国した。その後ルクルスはしだいに政治軍事から距離を取り、私生活の楽しみに専念し贅沢者の名を歴史上に残した。

古代ローマの英雄カエサルを最期に裏切り
ルビコンを越えなかった親友

ラビエヌス

ティトゥス・ラビエヌス
Titus Labienus
(100BC?~45AD)

ガイウス・ユリウス・カエサル
Gaius Iulius Caesar
(100BC?~44AD)

ルビコンを越えなかった男

ローマ共和国の属州総督としてガリアを征服した英雄カエサルは、紀元前四九年、手元の軍団を引き連れルビコン川を越えた。ルビコンはローマ共和国本領イタリアと属州を隔てる境界線。本国に戻る軍団司令官はここで軍団を解散する決まりであった。兵を率いてのルビコン越えは国家に対する反逆である。

カエサルは民衆寄りの政治理念、専制的な政治手法のために、ローマ国政の最高権威機関であり、腐敗した上流階級の牙城となっていた集団指導機関、元老院に憎まれていたが、このとき元老院は征服の功績にもかかわらずカエサルを国賊扱い、政治的に失墜させようとしていた。故にカエサルは反乱したのである。

カエサル配下の将士の結束は固い。親分のために子分は尽くし、親分は子分を全力で庇護する、パトローネス（保護者）、クリエンテス（被保護者）と呼ばれる人間関係の信義の紐帯が、いや仁義の絆がローマ社会を支配している。しかも優れた将帥と兵士となれば、戦場で苦難をともにし、富と栄光を分かち合った深い仲だ。故にカエサル親分のためなら国賊となることも子分たる将士は恐れない。「賽は投げられた」、叫んで馬を駆るカエサルに続き、将士達は皆ルビコンを超えた。ただ一人の離脱者を除いては。

離脱者の名はラビエヌス。カエサルの片腕を務めた傑出した武将、カエサルの親友と呼ばれた男であった。

カエサルとの二人三脚の始まり

ラビエヌスとカエサルの関係が初めて史上に現れるのは紀元前六三年。この年ラビエヌスは護民官であった。上流階級の横暴から平民の生命財産を擁護する官職である。全くの平民の出と思しきラビエヌスにとって護民官となることは、実力がある以上は、自然な選択だったろう。また武人であるラビエヌスにとって、護民官となって政治的な足場を築き、軍指揮権を有する上位の政治的地位への可能性を拓くことも、魅力的な選択肢だったかもしれない。さらに軍閥首領ポンペイウスの地盤ピケヌム地方の生まれで、親代々ポンペイウス家のクリエンテスに属したラビエヌスにとって、護民官となることには、部下の兵士の期待を背負い、比較的民衆寄りの政治家となっていたポンペイウスを助ける意味もあったかもしれない。

それがこの年、護民官を務めたことで、ラビエヌスはカエサルとの間に強い結びつきを持つことになる。カエサルが民衆寄りの政治理念の持ち主だったことは既に述べた。そのカエサルと護民官ラビエヌスは、この年協働して元老院の横暴を攻撃したのである。元老院の老議員ラビリウスを三七年前に行った民衆と護民官に対する弾圧の罪で告発するという形で。とはいえ遙かな昔話を蒸し返し老人を痛めつけるというやり口は、民衆からの支持さえ得られず、この運動は失敗、ただの喜劇として終わった。

副将ラビエヌス

その後ラビエヌスが歴史に姿を現すのは、前五八年からのカエサルのガリア征服においてである。ラビエヌスはカエサルの片腕として、担当した戦線で戦果を挙げ、時にガリアを離れるカエサルの代理を務め、時に彼方へ進撃するカエサルの後方を守った。特に目覚ましい武勲だけでも以下のものがある。

前五四年、トレウェリ族の指導者インドゥティオマルスが毎日姿を現してラビエヌスが守る陣営を攻撃した際、ラビエヌスは天然の要害と防御施設に守られた陣営に籠もりつつ、ローマ軍が恐れを成しているとの風評を広めた。その一方でラビエヌスは友好部族に連絡を取って騎兵を求め、集合日の夜、これを秘密裏に陣営に入れた。そして翌日夕方敵が昼から続いた攻撃を取りやめ、散らばって退却を始めたとき、ラビエヌスは騎兵を放って攻撃、狼狽して逃げる敵の中、インドゥティオマルス一人を狙って猛追跡させた。騎兵は敵将を捕獲後、帰途、将を失った敵兵を大いに殺した。

前五三年、両岸の険しい渡河しづらい川を挟んでトレウェリ族と対峙したラビエヌスは、日が経てばトレウェリ族にゲルマニア人の援軍が加わるという情勢下、騒音を立て、大げさにうろたえて見せ、陣営を畳んだ。出発を逃亡と見せかけるのである。トレウェリ族は調子づいてこれを追ったが、ラビエヌスは敵が全部川を越えたのを見ると、突如戦列を展開、攻撃を加えた。予期せぬ攻撃にトレウェリ族はたちまち敗走、大打撃を受けた。大敗を知ったゲルマニア人は引き上げた。

前五二年ラビエヌスはセクアナ川を隔てて、周辺部族を糾合したアウレルキ族指導者カムロゲヌスの軍と対峙した。ラビエヌスは戦闘に弱い小部隊を陣営に残して騒音を立てさせつつ、下流に船を集め、そこから兵力の大半を率いて渡河した。さらにその間、少数の兵を物音を立てながら上流へと行進させ、小舟の一群にも大きな櫂の音で上流へと遡らせていた。これを見た敵はラビエヌスが三カ所で渡河していると判断、陣営の対岸と、上流、下流に兵力を三分した。ラビエヌスは兵力を分散した敵軍に圧勝した。

カエサルとの決別

ラビエヌスにカエサルの政敵が接触との噂は前五〇年より流れたが、カエサルは噂を全く信じなかった。だがラビエヌスはカエサルから離れる。カエサルのルビコン越えを待ち、その五日後、カエサルと交錯しないようイタリア半島の反対側の街道を選び、彼はイタリアに入った。それも息子と従者奴隷だけを伴い、手持ち金や荷物さえ放置して。ラビエヌスは元老院派に身を投じたが、元老院派の期待に反し、カエサルの将士に引き抜きをかけることも無かった。一方カエサルは金と荷物をラビエヌスの元へ送った。

なぜラビエヌスが離脱したのかは、はっきりしたことは分からない。増長と嫉妬によりラビエヌスがカエサルの下風に立ち続けることを嫌ったとの説もあるが、彼はこれ以後、敵陣営で人の下風に立たされ続け、それでも死ぬまで戦いを投げなかった。人の下が堪えられなかったとも考えがたい。彼が正統な政府の下に戻ろうとしたとの説もあるが、軍を正統な政府に向けた軍閥はこの頃珍しくない。この時、元老院はカエサルよりはマシな選択肢としてポンペイウスを大将に担ぎ出しているが、この男もルビコンを越えて軍を動かし、政府に圧力をかけたという前科持ちであった。正統な政府よりも仁義で結ばれた我らが大将というのがローマ人の倫理である。この他、ラビエヌスが元老院派の大将に担がれたポンペイウスのクリエンテスであったことに離脱の原因を求める説がある。真相はおそらくこの辺りだろう。決別以後、前四五年の戦死までラビエヌスはカエサルへのきつい敵意の言葉を吐き続けながら、精彩を欠く戦いを続ける。それはまるで友情とクリエンテスの仁義の板挟みで、力を出せず虚勢を張っているかのような姿であった。

古代ローマ帝国創始者オクタウィアヌスの
戦下手を補い政治にも才能を発揮した名補佐役

アグリッパ

マルクス・ウィプサニウス
・アグリッパ
Marcus Vipsanius Agrippa
(63BC~12BC)

ガイウス・ユリウス・カエサル
Gaius Julius Caesar
(63BC~14AD)

武将アグリッパ――戦下手の主君を皇帝の地位に押し上げた男

貴族による集団指導体制を採っていた古代ローマ共和国は貴族階級の腐敗と無能により、紀元前一世紀には共和政体を維持できなくなった。貴族達の無能な中央政府は国土を統制する力を失い、ローマは軍閥割拠と内乱の時代に突入、内乱を勝ち抜いた軍閥首領オクタウィアヌスの手によって共和国は君主独裁の帝国に作り替えられた。オクタウィアヌスは、軍事と政治の天才であった軍閥首領カエサルの養子として後を継ぎ、この仕事を為したのであるが、オクタウィアヌスは軍閥首領として致命的な欠陥を抱えていた。彼は軍事的才能に乏しかったのである。しかしそれでも彼は内乱を勝ち抜いて権力を奪取することに成功した。軍事的才能の不足にもかかわらず彼が成功した陰には、忠実な武将アグリッパの貢献があった。

アグリッパはイタリア半島の地方出身、名もない家にうまれ、大した教育を受けることもなく、やがて志願して兵士となった。ところが一七歳の時、彼はカエサルに軍事的才能を見出され、カエサルが後継者として心に決めていたオクタウィアヌスの側近に抜擢される。アグリッパはオクタウィアヌスと同い年であり、忠実な側近兼学友としてオクタウィアヌスに仕えることになった。

内乱で敵対軍閥を打ち破り、権力を掌握して帝政への移行に着手したカエサルが、前四四年反動勢力によるテロに倒れると、遺言でオクタウィアヌスがわずか一八歳で後継者となる。反動勢力が跋扈する上、カエサル派にも若造が後継者となることを認めぬ者も多く、ローマは内乱に陥ったが、オクタウィアヌスは傑出した政治的才能を発揮して、内乱を戦い抜き、アグリッパもカエサルに見出された軍事的才能をしだいに花開かせ、軍事に不得手なオクタウィアヌスを良く支えた。アグリッパとオクタウィアヌスは前三一年アクティウムの会戦に勝利して、内乱に終止符を打ち、覇権をその手に治めることに成功した。

政治家アグリッパ――皇帝の分身として

内乱終了後、オクタウィアヌスはローマを共和国から帝国へと作り替え、内乱と政治腐敗で疲弊した社会の再建に努めたが、こうして平和と建設の時代に入った後も、アグリッパはオクタウィアヌスの良き側近であり、優れた実務能力を持つ政治家として、オクタウィアヌスの政治運営を助けた。オクタウィアヌスが首都ローマを離れるときは主君と同等の権限を付与されて首都を守り、オクタウィアヌスが首都を離れられないときは、代理となって各地に出向き適切に問題を処理する。アグリッパは、オクタウィアヌスにとって分身とでも言うべき存在であった。その上アグリッパには優れた軍事能力がある。彼はオクタウィアヌスの軍事的才能の不足を補って、ローマ帝国の能率的な国境防衛網を構築した。

ところでその卑賤な生まれのせいで、アグリッパはローマの貴族階級の受けがすこぶる悪かった。彼はしばしば有力貴族の非難の的とされたが、これによって彼が貴族層の反感が主君オクタウィアヌスに向くのを防ぐ役割を果たしていたと評価することも可能である。変革者として旧支配層たる貴族の反感を買いかねない立場にあるオクタウィアヌスにとって、この意味でも、アグリッパは有り難い存在だっただろう。

古代ローマ帝国の再建者
ディオクレティアヌス帝を
支えた精力溢れる次席皇帝

マクシミアヌス

マルクス・アウレリウス
・ウァレリウス・マクシミアヌス
Marcus Aurelius Valerius
Maximianus
(250~310)

ガイウス・アウレリウス・ウァレリ
ウス・ディオクレティアヌス
Gaius Aurelius Valerius
Diocletianus
(245~311)

官僚型の知性派皇帝を忠実に支えた行動派軍人

三世紀半ばローマ帝国は軍人皇帝時代と呼ばれる異常な危機にあった。増長した軍隊の政治的策動により、軍人上がりの皇帝が五〇年で二六人も乱立し、この国内の混乱のせいで国防は崩壊、異民族が侵入し、地方政権の分離独立まで発生する。この危機は二八四年に兵士達によってイリュリア駐屯軍団所属の軍官僚から皇帝に推戴されたディオクレティアヌス帝の政治手腕によって終息したが、ディオクレティアヌス帝はこのような内憂外患の軍事的危機の時代を乗り越えた人物としては、意外なことにあまり軍事的才能に恵まれていなかった。しかし彼はその才能の不足を補ってくれる、一人の補佐役を持っていた。

その補佐役とはディオクレティアヌスと同じくイリュリア駐屯軍に所属した五歳ほど年下の将校マクシミアヌス、戦闘に強く、兵士達に愛された勇将であった。彼は冷静な思索の人であったディオクレティアヌスと対照的に、考えるより先に体の動く精力的な行動の人、軍官僚として才能を発揮したディオクレティアヌスと対照的に、常に前線で兵士達と苦難をともにすることで才能を発揮した男。これほどの性格の差にもかかわらず、それとも相補い得る性格の対照の故か、彼らは親友であり、マクシミアヌスは生涯ディオクレティアヌスを敬愛し、ディオクレティアヌスの右腕として軍事的才幹によってその統治を支えた。

ローマ帝国の宣伝機関はディオクレティアヌスを最高神であるユピテル、マクシミアヌスをユピテルの代行者である半神の英雄ヘラクレスに例えていた。

皇帝マクシミアヌス

マクシミアヌスは二八六年以降皇帝の地位にあった。といっても反逆したわけでも、増長してディオクレティアヌスと同格の地位を求めたわけでもない。ディオクレティアヌスは広大な帝国領を効果的に防衛するため、帝国をいくつかの防衛区域に区分けして、それぞれに強力な権限を持つ皇帝を配置、敵の侵入に各皇帝が至近の駐留地から即応するという国防体制を採用したが、その複数皇帝制の中で、自分に次ぐ次席皇帝の地位をマクシミアヌスに与えたのである。既に二八五年、マクシミアヌスは皇帝（アウグストゥス）に次ぐ皇位継承者（カエサル）の地位を与えられ、二頭政の一方として、帝国西半の軍事・治安維持を委ねられていたが、二八六年にその称号はもう一人の皇帝（アウグストゥス）に昇格した。やがて二九三年、二頭政は四頭政に移行、帝国の東西に正帝（アウグストゥス）と副帝（カエサル）がそれぞれ置かれたが、この体制下、マクシミアヌスは西の正帝であった。

四頭政はマクシミアヌス以下の下位皇帝の忠勤・奮闘もあって有効に機能、帝国は危機を克服し、国防は完全に回復された。体力の衰えたディオクレティアヌスは三〇五年、おそらくは満足の裡に皇帝を退位するが、混乱無く後進に権力を継承するため、マクシミアヌスをも説得して同時に退位させる。しかしその後間もなく帝国は後継者達による内紛に陥り、引退はしたものの精力をもて余していた行動の人マクシミアヌスは皇帝に復帰して、内紛の渦中に飛び込んだ。そしてマクシミアヌスは敗北の末自殺した。

王母スブフの寵愛を受け
少年王ヒシャームの下で
政治を掌握した
イスラム国家後ウマイヤ朝の不世出の英雄

アルマンスール

アル・マンスール
Muhammad Ibn Abi
Amir al-Mansur
(938~1002)

No Image

ヒシャーム二世
Hisham II
(965~1013)

不世出の英雄アルマンスール
神に勝利を与えられた不世出の英雄アルマンスール
かれの記念物に残る物語を辿れば
かれはあたかも貴方と向き合っているようだ。
時が経っても、ふたたびかれのような者は現れず、
何人もかれほどにスペインの隙間を守りえまい。

（フィリップ・K・ヒッティ『アラブの歴史（下）』講談社学術文庫、三六四頁）

これはスペインのイスラム国家、後ウマイヤ朝のとある人物の墓誌である。スペインを守る英雄として讃えられたこの男の名はムハンマド・イブン・アビー・アミール、彼は神によって勝利を授けられた者「アルマンスール」と自称し、生涯に五七の遠征を行って後ウマイヤ朝の領土を最大化、戦陣で没したいとの希望の通り、遠征からの帰路で死亡した。彼はこれと戦うキリスト教徒にとっては憎むべき強敵で、修道僧の年代史家は彼に冷たい感情を向けこう記す、「一〇〇二年にアルマンゾルは没し、地獄に埋められたり」と（同右）。このイスラム教徒にとっての不世出の英雄、キリスト教徒にとっての地獄に落とすべき怨敵の死とともに、後ウマイヤ朝の盛時は去り、それからわずか二〇年で滅亡の時を迎える。

ところで後ウマイヤ朝の繁栄を支えたこの英雄は、同国のカリフ（国王）ではなかった。彼の地位はカリフの補佐役たる侍従（ハージブ）、宰相（ヴィジール）に留まっていた。

王母の愛人として権力を掌握

アルマンスールは卑しい書記官として身を起こしたが、国王ハカム二世の下で急速に行政官として出世していった。王妃および王子の財産管理の仕事に就いたことがきっかけで、才覚に優れた美貌の王妃スブフに目をかけられたおかげである。やがてハカム二世が死に、わずか一二歳の息子ヒシャームが後を継ぐと、王妃と宰相が政治の実権を掌握したが、ここでアルマンスールは王妃の信頼を利用し、さらに有能な将軍ガーリブと提携して、さらなる地位の向上を図る。彼はスブフと愛人関係になったと言われるし、ガーリブともその娘を妻に娶って深く結びついた。こうして王家と軍に十分なコネを作った彼は、九七八年宰相を追い落とし、侍従として政治を主導するようになり、その後宰相の地位にも就いた。また若き国王を邪魔者にならぬよう後宮に幽閉して、快楽に溺れさせておいた。

ところで王母の愛人として権力を握ったアルマンスールだが、彼の器量が愛人として補佐役の立場に甘んじるには大きすぎたのか、王妃の器量が小さすぎたのか、しだいに王妃と対立するようになる。また支援者で義父のガーリブ将軍とも対立した。そしてついに九八一年アルマンスールは反対派を掃討、独裁者となった。独裁者となって後、王族でない身で王族のみに許された金糸織の礼服を着用し、公文書に王ではなく自分の印を押すなど、様々に権勢を誇示した彼であるが、最期まで王位には就くことをしなかった。

ポルトガルの首都リスボンを大震災から再建して
国王ジョゼ一世の絶対的な信任を得た名宰相

ポンバル

ポンバル侯爵セバスティアン・ジョゼ・デ・カルヴァーリョ・イ・メロ
Sebastiano Jose de Carvalho e Melo marques de Pombal
(1699~1782)

ジョゼ一世
José I
(1714~1777)

大震災

一七五五年ポルトガルの首都リスボンは大震災によって壊滅した。この時リスボンの三分の二は瓦礫と化していた。しかしリスボンは未曾有の危機から蘇る。それどころか、かつて以上の見事な都市に生まれ変わったと言ってよい。復興したリスボンは抜本的に市街地を改造されており、碁盤目状の街区、統一された町並みを持つ、整然たる近代都市へと生まれ変わっていたのだ。

この復興を成し遂げたのは、国王ジョゼ一世の信任を受ける宰相ポンバルの傑出した指導力であった。

ポルトガルの後進性克服に取り組んだ大政治家ポンバル

ポンバルはリスボンの小貴族の生まれで、その前半生においては全くの無名の存在であった。やがて彼は外交官として活躍するようになり、一七五〇年には国王ジョゼ一世によって、宰相に登用された。そして一七五五年の大震災からの見事な復興指揮によって、ポンバルはジョゼ一世の信任を揺らぐことのない絶対的な次元にまで高め、以後二七年に亘って彼は独裁者として強大な権力を振るった。

独裁者といってもポンバルは国家と王権に忠実であった。彼は弱体な王権を強化することで、他の西欧諸国の進歩に取り残されそうなポルトガル国家の後進性を大きく改善していった。彼は王権に刃向かう大貴族や教会勢力を徹底的に弾圧、国王暗殺を企てた貴族達は粛正され、国家のあらゆる分野に影響を及ぼしていた宗教団体イエズス会までも、陰謀に加担したとして国外追放、その莫大な資産は没収されてしまった。国家から独立していた宗教裁判所は王立裁判所に組み込まれることになった。

またポンバルの独裁政治は開明的で人道的で公正なものでもあった。彼はカトリックとプロテスタントの差別待遇を撤廃し、プロテスタント教徒にも公職就任の権利を与えた。また植民地ブラジルにおける白人と原住民の平等化を実施、本国における奴隷の解放も断行した。この他彼はイエズス会の支配を受けていた教育を、国家主導の開明的な教育へと改革した。

さらにポンバルは植民地ブラジルの金産出の減少という経済危機に対し、国内産業の振興策を打ち出し、絹織物や毛織物といった工業を保護育成し、特産品であるポートワインの輸出を促進した。

ポンバルとその主君

ポンバルの主君ジョゼ一世は有能なポンバルに政治の全てを委ね、自身はオペラ鑑賞や狩猟と言った趣味の世界に没頭していた。

この限りにおいてポンバルの独裁権力は絶対的であったが、ジョゼ一世が一七七七年に死亡してしまうと、独裁者とはいえ所詮は国王の信任あっての立場、ポンバルはその権力を失ってしまった。新王マリア一世は即位するやたちまちポンバルを解任してしまったのである。とはいえマリア一世の治世においても、ポンバルの政策の多くは継続されていった。

カルロス三世の下で辣腕を振るい
スペイン社会の開明に努めた政治改革者

アランダ

ペドロ・パブロ・アバルカ・デ・ボレア・コンデ・デ・アランダ
Pedro Pablo Abarca de Bolea conde de Aranda
(1718~98)

カルロス三世
Carlos III
(1716~1788)

軍事改革者アランダ

アランダはスペインのアラゴン地方の貴族の出身で、初め聖職者になるために勉学していたが、次いで軍隊に入ってかなりの業績を残した。彼は当時のヨーロッパ最強の軍隊であったドイツ地方のプロイセン軍の戦法をスペイン軍に導入し、一七六二年には短期のものではあったが遠征の指揮官を務めている。やがて一七六六年に国王カルロス三世が登位すると、アランダはこの新国王によって行政最高機関カタルーニャ顧問会議の議長に任命された。

政治改革者アランダ

政界のトップに抜擢されたアランダは、この新たな活動の場でも成果を上げた。かつて軍事面で改革者であった彼は、ここでもまた改革者であった。彼は王権強化と国力向上のため、様々な開明的施策を強権的に実施した。

彼は強大な力を持つ宗教勢力を抑圧して、王権の強化に努めた。彼はキリスト教の布教団体イエズス会のことを、暴動の煽動者であると国王に信じさせ、イエズス会士をスペインから追放してしまったし、聖職者と教会からは特権を剥奪してしまった。異端審問所の権限も彼によって縮小された。

彼は地方行政を整備したほか、経済開発のための「経済協会」を各所に設置、鉱物資源の輸出も促進し、商工業の発展に努めた。彼の政策でスペイン北部の工業地帯は一時活況を呈したという。彼はまた農業の振興も図っており、開拓や農民の入植事業を推進したのだが、残念ながらこれは失敗に終わった。

こうして彼の内政の諸改革はそれなりに成果を上げたのだが、彼の強権的な手法は周囲の反発を招き、一七七三年に彼は顧問会議議長を解任、パリ駐在大使に降格されてしまった。

開明主義者アランダのなれの果て——革命思想にかぶれて失脚

アランダは一七八七年までパリに留まったが、もともと開明的な改革者であった彼は、自由主義の開明思想が華やかに花開くパリに滞在したことで、多大な精神的影響を受けた。彼は大物自由主義思想家ボルテールの賛美者となり、イギリス植民地であったアメリカの独立革命運動の熱心な支持者となった。

そして彼のスペイン帰国後には、フランスで革命が勃発したのだが、彼はフランスの革命家達にも好意的であった。彼はフランス革命勃発後、カルロス四世の下で一時顧問会議議長に返り咲いたが、この時彼はヨーロッパ中から敵視されているフランス革命勢力の懐柔に努めた。

ところでアランダのフランスかぶれは、最終的に彼に不幸をもたらした。彼は反フランスの立場を取るカルロス四世の寵臣ゴドイと対立することになり、やがてゴドイとの権力闘争に敗北、一七九二年に顧問会議議長を解任され、九四年には完全に失脚してグラナダのアルハンブラ宮殿に幽閉された。その後国王は彼が出身地アラゴンで隠退生活を送ることを許し、数年後彼はその地で死亡した。

イタリア統一の英雄
ビットリオ・エマヌエレ二世と
ガリバルディを支えた名補佐役たち

カブール＆クリスピ

カミッロ・ベンソ・コンテ
・ディ・カヴール
Camillo Benso di Cavour
(1810~1861)

ヴィットーリオ・エマヌエーレ二世
Vittorio Emanuele II
(1820~1878)

統一イタリア誕生――建国の父ビットリオ・エマヌエレと英雄ガリバルディ

一九世紀、イタリアは多くの小国に分裂し、保守反動主義の大国オーストリアの直接・間接の支配を受けていた。オーストリアの影響下を脱し、民族の独立・統一を進め、国家権力・君主権力に制約を課す立憲体制や議会政治の採用といった自由主義改革を実現することが、イタリア人の民族的な悲願であった。

この悲願は二人の英雄によって達成される。イタリア北部では、オーストリアの軍事的圧力に負けず自国の立憲主義を守り通したサルデーニャ王ビットリオ・エマヌエレ二世が、諸国を併合していった。一方イタリア南部は急進的な自由主義と愛国主義で知られる革命家ガリバルディの義勇軍「千人隊」（別名「赤シャツ隊」）によって征服され、征服地をガリバルディは王に献上した。両者はともに武人肌の性格で馬が合い、関係は良好であったのだ。こうして一八六一年統一国家イタリア王国が成立したが、この二人の英雄の陰にはそれぞれ大物補佐役がいた。

ビットリオ・エマヌエレを支える名宰相――カブール

ビットリオ・エマヌエレの補佐役はカブール、サルデーニャ王国首相を務めた人物である。古い貴族の家に生まれた彼ははじめ軍人となったが、自由主義思想の故に当局から危険視され、結果僻地に左遷された。これに不満な彼は工兵将校の職を辞し、その後農業経営や銀行設立に従事、経済人として活躍した。

やがて一八四七年、カブールは穏健自由主義を掲げる新聞『リソルジメント』を発刊、政治への関与を始める。彼はジャーナリストとして憲法制定を求める運動を行った。穏健派の彼は過激な革命による社会の混乱は欲しなかったが、憲法を求める姿勢は強固であった。彼は時の国王カルロ・アルベルトに敵視されることも厭わず、民衆の騒乱に迫られて与える形になる前に、王国は恩恵として憲法を与え、議会政治に移行するべきだと主張していた。国王はこれに反発しカブールを逮捕させたいとまで言ったという。

やがて民意に押されて一八四八年サルデーニャは立憲主義に移行、反動主義国家オーストリアは軍事的圧力により憲法の廃棄を迫ったが、四九年に即位したビットリオ・エマヌエレは憲法を守り通した。

この立憲体制下カブールは議員となり、五〇年に農相兼商相、五一年に蔵相となる。この間、彼は中道左派と提携して中道勢力を結集、穏健自由主義者を議会最大勢力とし、極右、極左を押さえ込む態勢を固めた。五二年にカブールは首相となり、以後、国内の自由主義改革に辣腕を振るった。さらに国外に向けては、カブールはサルデーニャを対オーストリア戦争およびイタリア統一へ導いていく。

カブールは外交手腕によってイタリア統一を進める。一八五五年、彼は議会や閣内の反対を押し切って、英仏に味方してクリミア戦争に参戦した。これは国王の意向に沿うことでもあった。結果カブールは列強の関心をイタリアに向け、フランスの好意を掴んだ。一八五八年には彼はフランス皇帝ナポレオン三世とプロンビエールの密約を結ぶ。密約により、翌年フランス軍二〇万とサルデーニャ軍合計三〇万の戦力でオーストリアと戦争し、北イタリアのオーストリア軍を駆逐することが決まった。数年来の好意に加え、オーストリアに代わり国際政治の主導者にのし上がらんとするナポレオン三世の野心を、巧く利用しての密約である。またヨーロッパ一の美女と謳われたサルデーニャ王女クロティルデをナポレオン三世の従兄弟に与え、国境の地区サボイアとニースをフランスに割譲するという餌も効果があった。その後密約が漏れ、国内の反発を受けたナポレオン三世が戦争の決意を動揺させることもあった。しかしフランスの国家戦略の敵対的性格、カブールらイタリア民族主義者の反オーストリア的態度、サルデーニャごとき小国の反抗、そういった事象を看過することで自国の威信や国際政治上の地位が傷つくことを懸念したオーストリアから最後通牒が出され、ナポレオン三世は戦争へと引き出された。戦争の結果、北イタリアはサルデーニャの勢力下に入った。さらにしばらく後、中部イタリアも住民投票によりサルデーニャに併合される。

ところでカブールとビットリオ・エマヌエレの関係についても述べておこう。立憲主義を守った名君と自由主義を愛する名宰相の名コンビだが、二人の人間関係は、意外にも最悪であった。カブールは、太っていつも上機嫌な好男子とのイメージを周囲に振りまいていたが、その実傲慢で、他人の能力を認めず、未だ少女に過ぎない王女を本人の反対を無視してフランスの好意を得る餌として投げ与える冷酷さもあった。外交上の便宜のため王家の威信を保とうとしたカブールが、国王が結婚まで考えている愛人につき、不貞であると不作法な態度で罵ったこともある。家庭問題にまで政略的観点から干渉してくる傲慢冷酷な宰相が、国王ははっきりと嫌いであった。王は、カブールの独裁を堪え忍ぶくらいなら退位すると不満をぶちまけたことさえある。しかし議会の多数を制し有能なカブールを王は任用するしかなく、カブールの側に国王から自由になる術はない。二人は協働を続けるしかなかったのである。

ガリバルディの遠征の参謀にして黒幕――クリスピ

ガリバルディの補佐役はクリスピ。後のイタリア首相であるが、その前半生を革命に捧げた男である。

クリスピは南イタリアのシチリア島に生まれた。彼は島内のパレルモの街で法学士となり裁判所に勤めたが、やがて島外のナポリの街へ移り、シチリアとイタリア半島南部を支配する両シチリア王国の保守反動政治に対する革命運動に関わるようになった。その後クリスピはイギリス亡命中にガリバルディと出会ったが、彼はガリバルディに義勇兵を指揮させて南イタリアを解放する計画を一八五九年までに構想する。そして翌一八六〇年、義勇兵を組織してガリバルディを指揮者に迎え、自らはその参謀に収まった。

遠征の下準備として計画した住民の蜂起が完全に失敗したとの知らせが届き、ガリバルディが遠征開始に踏み切れない中、クリスピはパレルモの蜂起は失敗したものの地方で蜂起は継続中との一通の電報を見せる。この電報に勇気づけられガリバルディと千人隊は南イタリア征服に乗り出すが、この電報は、クリスピの用意した偽電報であったとガリバルディの側近が回想している。

フランチェスコ・クリスピ
Francesco Crispi
(1818~1901)

ジュゼッペ・ガリバルディ
Giuseppe Garibaldi
(1807~1882)

ガリバルディの遠征は成功したが、軍事的才能はあっても行政的な手腕を欠くガリバルディは、占領地の統治については、南イタリアの生まれ育ちで現地に精通し、行政手腕に長けたクリスピに依存するところ大であった。シチリアを制圧した際には、クリスピは政治、行政、司法の唯一最高の責任者となり新政府の制度を整備しており、ガリバルディは彼を遠征の最重要人物と評し、一八六〇年の政府の真の組織者にして統治者であると呼んでいる。

ポルトガルの独裁者カルモナ将軍に抜擢されて財政危機に対処した大学教授

サラザール

アントニオ・デ・オリヴェイラ・サラザール
Antonio de Oliveira Salazar
(1889~1970)

アントニオ・オスカル・カルモナ
António Óscar Fragoso Carmona
(1869~1951)

ポルトガルを救った軍事政権

二〇世紀はじめ、ポルトガルは政情不安による無秩序と財政危機にのたうち回っていた。一九一〇年から一六年の間に一六回ものクーデターが発生した。そしてこの間財政危機は一向に改善の兆しを見せなかった。しかし不安と混乱の中で無駄に時だけが失われていくこの危機の時代も、やがては終わりを迎えることになる。ただし軍事政権による強権支配という劇薬によってだが。

一九二六年右派軍人達がクーデターを敢行、成立した軍事政権は強権支配によって政情不安を抑え、社会に秩序を取り戻していった。とはいえ右派軍人達は、政情不安は抑えられても、財政危機に対する方策を全く持っていなかった。しかし軍事政権は一人の人材を抜擢することで、財政危機すら見事に克服してみせる。ポルトガルの財政危機を救ったこの人材は、名門コインブラ大学教授サラザール博士であった。

救世主サラザール

サラザールは貧農の子に生まれ、神学校で神父達の教育を受け、やがて優れた論理的思考力と総合力を発揮してコインブラ大学に進んだ。彼は修士論文によって経済通として名を知られるようになり、ついには大学教授となった。彼はまた右翼保守陣営の論客として鳴らしており、この点で軍事政権にとっては親しみやすい人材であった。そのため軍事政権の首班であるカルモナ将軍は、軍事政権成立の一九二六年、財政危機克服のためサラザールを財務大臣として招聘する。しかしサラザールの要求する財政支出の全権を軍事政権が認めなかったために、この時のサラザールはわずか五日で辞任してしまった。

やがて一九二八年国家は破産目前にまで追い詰められるが、この絶体絶命の重大危機に、カルモナ将軍はサラザールを再度財務大臣として招聘、今度はサラザールに支出の全権を委譲した。そしてサラザールはわずか一年で財政を再建、ポルトガルは数十年ぶりに予算を均衡させることに成功、サラザールはポルトガル国家の救世主となった。

その後、救世主サラザールはポルトガルの権力を一身に集中、独裁者としてポルトガルを長らく支配した。彼は一個人としては、生活は質素、神学校の神父達への感謝の念を抱き続けた善良な人間であったが、その政治は極めて強権的であった。彼は一九三二年には首相となり、その後首相、財相に加えて国防相まで兼任するようになっていった。一九三三年には野党の存在を全面的に禁止、単一政党制を実施した。彼は権力維持のため、検閲と秘密警察を駆使していた。

サラザール独裁時代のカルモナ将軍

ところでサラザールを政府に導き入れたカルモナ将軍であるが、彼はサラザールの独裁時代、長らく大統領の地位を占め続けていた。カルモナは一九五一年に死亡するまで、体制の存続の象徴として、サラザール独裁体制の上に君臨し続けていた。

【コラム③】名補佐役の上司となるための最低限の資質について

中国春秋時代の斉の桓公《かんこう》は名宰相管仲《かんちゅう》の補佐を受けて覇権を握った。彼は管仲に仕事を任せきると、生来の遊び人気質を爆発させ、ハーレムに籠もって長らく姿を現さないことさえあった。この間、管仲は斉の国政を善く導いてはいたものの、その一方で蓄財に励んで主君に匹敵するほどの富を誇り、驕り高ぶった生活を送っていた。まるで独裁者と傀儡のような君臣関係である。例えば他国に目を転じて、スペイン中世に繁栄したイスラム国家後ウマイヤ朝では、宰相アルマンスールが若き主君をハーレムに監禁して快楽に溺れさせておき、政治の実権を掌握、不世出の英雄と讃えられるほどの活躍を見せたが、彼は独裁者と呼ばれている。このアルマンスールと桓公・管仲の例はいかほどの違いがあるだろうか。

しかし桓公は傀儡すれすれの生活を送りながら、春秋の五覇の筆頭に挙げられ、史上の名君として世の認知を受けている。名君と凡君・暗君との差は意外と小さなものらしい。ではこの凡君型名君の桓公が凡君型凡君から区別される所以は何であろうか？　それについては『戦国策』という古代資料が述べている。『戦国策』は桓公があらゆる遊びと快楽を愛好したことを述べた後で、桓公が人材を愛したことを記す。実は桓公は軽率・傲慢な人間でもあって、これが唯一の美点と言ってよいような男なのだが、このただ一つの長所によって彼は史上屈指の名君の地位を得たのである。自らにみなぎる才気は備わらずとも、信頼と愛情を注いで仕事を任せきる度胸さえあれば、人は名補佐役の上司となる資格を満たしているのである。

Great Number Two Leaders in Human History

第4章
アメリカ諸国

史上最強補佐役・宰相・顧問・右腕・番頭・黒幕・参謀

ハワイ統一の英雄カメハメハ大王を
支えた西欧人助言者

ヤング

ジョン・ヤング
John Young
(1742?~1835)

カメハメハ一世
Kamehameha I
(1758~1819)

カメハメハ大王

一九世紀の初めハワイ諸島は歴史上初めて統一国家の支配下に置かれる。この偉業を達成したのはハワイ島の酋長の家系に生まれたカメハメハ。彼は内乱状態のハワイ島を一七九〇年までに平定、その後周囲の島々に続々と遠征軍を送った。九五年にはハワイ諸島の覇権をほぼ手中にし、やがて一八一〇年ついにハワイ諸島を統一するのである。彼は特産品であった香木の白檀の交易を政府の独占とし、港湾税を徴収し、王国の財源を確保した。彼は平民を酋長の恣意的支配から保護する法律を制定、人身供儀を禁じるなど、進歩的な政策を実行した。カメハメハは大王の尊称で呼ばれる。

カメハメハ大王の偉業はもちろん大王の優れた指導力によって初めて実現できたことである。しかしその偉業は、大王の能力だけで達成できたものではなかった。大王の統一事業の陰には、彼の導入した西洋白人文明の威力があった。カメハメハは火器や西洋式帆船フェア・アメリカン号といった西洋の文物を活用して統一事業を達成したのである。そしてまたカメハメハは西洋人の文物のみならず西洋人そのものをも人材として活用した。彼は身近にジョン・ヤングとアイザック・デービスという二人の白人を抱えていた。

イギリス人捕虜ヤング、ハワイ美人に救われる

ヤングは生年、生誕地とも不明だが、おそらくはイギリス人で、アメリカ船エリアノーラ号の甲板長になっていた。一七九〇年ハワイ島に交易に訪れたエリアノーラ号が現地住民の盗み等が発端で一

戦交え、その地を去ろうとする際、ヤングとデービスは原住民に拘束されていて、船に戻ることができなかった。彼らは本来そのまま殺されるはずであったが、しかし非常な幸運によって命拾いする。ハワイ島の王の姪カオアナエハがヤングを見て恋に落ち、王に取りなしを行ってくれたおかげで、彼らは殺されずに済んだのである。カオアナエハは島一番の美貌で名高く、ヤングは彼女と間もなく結婚した。

カメハメハの腹心として

カメハメハはヤング達に優れた能力が秘められていることを見抜き、彼らを高位の酋長に任命した。西洋の先進的な技術知識を有し、能力が高く、現地に係累や既得権益を持たないヤング達は、王にとって使い勝手の良い人材だったのだろう。王は彼らを友として顧問として厚遇した。ヤングは現地住民に様々な事物を教えた。またヤングは王の懇請を受けて幕僚となり、カメハメハの征服、統一に大きく貢献した。一七九六年以降ヤングはオアフ島やハワイ島の知事を歴任、カメハメハの政治に大きな影響力を発揮した。

ヤングの子孫達

ヤングの子孫達もハワイの政治に大きな影響力を持った。次男カネホアは各地の知事を務め、三男ケオニ・アナはカメハメハ三世の大臣となった。孫娘エンマはカメハメハ四世の王妃となっている。

南米先住民反乱の英雄的指導者
トゥパク・アマルを支える軍事と実務に長けた妻

ミカエラ・バスティダス

ミカエラ・バスティダス
Micaela Bastidas
(1745~1781)

トゥパク・アマル
Túpac Amaru
(1738~1781)

トゥパク・アマルの乱

一八世紀、南米先住民インディオはスペインの過酷な植民地支配の下で喘いでいた。先住民には鉱山、農園での強制労働が課せられていた。スペインは物品の強制販売を行い、先住民に全く不要な商品を本来の値段の五倍、十倍という高値で売りつけた。売買の形をとってはいるがこれは事実上の徴税であった。こうした様々な負担が先住民の暮らしに重くのし掛かっていた。

この頃ペルーにホセ・ガブリエル・コンドルカンキという男がいた。先住民がかつて築いた大帝国インカの貴族の血を引く富裕な運送業者で、三つの村の首長をも務めていた。彼は首長として、また各地を廻る運送業者として、先住民の苦しみを様々に目の当たりにしてきた。彼は白人と先住民の混血メスティソで、暮らし向きも裕福、かなり恵まれた立場にあったのだが、一七八〇年恵まれた暮らしを打ち捨てて、スペインに反乱を起こした。彼はインカ最後の皇帝トゥパク・アマルの末裔トゥパク・アマル二世を名乗ったが、彼の掲げるインカの名に先住民達は心振るわせ、忠誠を誓った。

この反乱は短期間で鎮圧されてしまったが、その影響はペルーを越えてボリビア、アルゼンチン、コロンビア、ベネズエラにも波及した。反乱の潰えた後もトゥパク・アマルの名は各地で強烈に崇拝された。

この戦いは、南アメリカ独立運動の先駆と見なされているが、それと同時にインカの末裔の指導する、インディオの復権運動でもあり、その歴史的意義を高く評価されている。

ミカエラ・バスティダス――トゥパク・アマルの女房役を務めた女房

トゥパク・アマルは気高くカリスマに溢れる英雄であった。だが彼は杜撰な人物であり、戦略眼にも劣っていた。彼は緻密で抜け目ない補佐役を是非とも必要としていた。そしてこの補佐役を務めたのが彼の妻ミカエラ・バスティダスあった。

緻密な補佐役ミカエラバスティダスが杜撰なトゥパク・アマルを補うという二人の関係はその挙兵段階で既に確立していた。挙兵に際して、ミカエラは、種まきの時期にもかかわらず決起しようとする夫に対し、時をずらさねば、十分な農民の参加が期待できないと諫め、数週間決起を遅らせたのであった。そして挙兵後は、ミカエラの緻密な頭脳は益々冴え渡り、彼女は反乱軍司令部を統括して、住民に対する啓蒙活動、スパイ網の設置運営、補給の確保と輸送、さらには新規部隊の編成など、裏方の実務全般を取り仕切った。それのみならず彼女が奇襲作戦を立案し、巧みに部隊を指揮することもあった。

だがトゥパク・アマルは妻の傑出した才幹を活かしきることができなかった。敵の備えが整う前に早期にインカの古都クスコを攻略するよう、ミカエラは主張したのだが、戦略眼に劣るトゥパク・アマルは敵対的な首長の討伐等に時を費やし、反乱の勢いを削ぎ、クスコ攻略を不可能にしてしまった。これにはミカエラも悲嘆にくれた。ちなみに早期にクスコ攻略しなかったことを誤りとする点で、多くの歴史家の見解は一致している。そしてトゥパク・アマルの乱はわずか一年の内に鎮圧されてしまったのである。

独立戦争時には副官として
独立後には財務長官として
アメリカ初代大統領ワシントン
の全幅の信頼を受けた名補佐役

ハミルトン

アレクサンダー・ハミルトン
Alexander Hamilton
(1755~1804)

ジョージ・ワシントン
George Washington
(1732~1799)

ワシントンの副官ハミルトン

植民地アメリカで本国イギリスの支配体制に対する反感が高まっていた頃、キングス・カレッジ（現コロンビア大学）にアレクサンダー・ハミルトンという優れた学生がいた。両親の離婚と母の早死により、一一歳で孤児同然となっていたこの若者は、その精力と知力と実直さによって周囲の高評価を勝ち取り、おばと雇用主の後援により、教育の機会を与えられ、優れた才能を開花させつつあったのである。だがこの俊才はそのまま大学での勉学を完遂することはなかった。ハミルトンはアメリカ人のイギリスへの反感が募り行く情勢下、反英運動への関与を強めていく。彼は一七七四年には反英暴動ボストン茶会事件を公然と擁護、七四年から七五年にかけては匿名小論文を次々と執筆、反英の論客として精力的に活動していたのだが、革命戦争が勃発した同七五年に志願して戦いに身を投じ、大学を去ってしまったのである。

革命戦争でハミルトンは、精力的な働きと公正な規律によって優れた士官としての評判を確立し、勇敢な戦いぶりで人々の目を惹き付けた。この軍事的才幹に加えて、既に見たように文才にも恵まれていたハミルトンは、やがてはアメリカ革命正規軍、大陸軍の総司令官ジョージ・ワシントンの目にとまり、一七七七年、ワシントンはハミルトンに自分の副官となってくれるよう要請する。少しのためらいの後これを受諾したハミルトンは、以後四年間、有能な副官としてワシントンを支えた。なお彼の副官としての勤務が四年で終わってしまったのは、元来行動的で野心的な性格であった彼が、司令部での単調な仕事の繰り返しに嫌気を差し、武勲を求めて前線に戻ることを望んだからである。副官を続ける内に彼は、ワシントンとの些細な争いを口実に辞表をたたきつけるほど、気を滅入らせていったのだ。

政治家ハミルトン

革命戦争に勝利したアメリカ植民地は一七八三年にイギリスから独立し、八九年にはジョージ・ワシントンを初代大統領とするアメリカ合衆国が成立する。この間のアメリカ合衆国憲法の制定作業においてハミルトンは文才を活かして言論戦を展開、政治的な存在感を示すようになっていたが、彼はワシントン大統領の下、財務長官に任命された。当時のアメリカはハミルトンら中央集権論者と、国務長官ジェファーソンに代表される各州による分権論者の間に政治路線の対立があり、ワシントンは人事上の地位配分では両派の間の均衡と調和に配慮するよう務めていたが、実際の政治運営において、最も重んじられたのはハミルトンであり、ワシントン大統領の政策はハミルトン主導で形成されていった。ハミルトンは国家的統一と国民経済の確立に力を注ぎ、合衆国の財政を確立するとともに、合衆国全体を一つの巨大市場にまとめあげる経済政策を採用、アメリカ社会を繁栄に導いた。

やがてハミルトンは政敵との対立に飽き、私生活での幸福追求を欲するようになり、一七九五年に閣僚を引退するのだが、その後もワシントンの非公式の相談役として、ほとんどの政策に関与し続けた。ワシントン大統領は引退宣言を出す時機についてさえ、ハミルトンの助言を求めた上で、決定している。

ハイチ独立運動の英雄
トゥサン・ルヴェルチュールを
補佐した猛将にして
独立ハイチの初代皇帝

デサリーヌ

ジャン＝ジャック・デサリーヌ
Jean Jacques Dessalines
(1758~1806)

フランソワ＝ドミニク
・トゥーサン・ルヴェルチュール
François-Dominique
Toussaint Louverture
(1743~1803)

ハイチ革命

フランスの植民地ハイチでは、一七九一年、黒人奴隷の一斉蜂起が発生した。この頃フランスは革命の最中であったが、革命の波は、ハイチおよび黒人反乱軍にも大きな影響を及ぼす。一七九二年、ハイチ当局は、自由・平等という革命の理念に忠実に、奴隷制に反対する動きを開始する。そして本国政府も一七九四年には奴隷制廃止令を発した。しかしこれらの施策はハイチの革命派当局を危機に陥らせる。

奴隷制大農場を経営するハイチの白人は当局と真っ向から対立、フランスからの分離独立を画策した。さらにハイチの危機は外敵によって加速する。革命フランスは国際的に孤立しており、イギリスやスペインの軍がハイチに侵入、白人農園主はこれを歓迎した。だが窮地にある革命派当局に救いの手が差し伸べられる。黒人軍指導者トゥサン・ルヴェルチュールが革命派当局に味方して、スペインとイギリスの軍を駆逐したのだ。やがて国際的孤立のせいでハイチに注ぐ余力のないフランスの容認の下、トゥサンはハイチの支配権を掌握、ハイチを独自の法を持つフランス植民地と位置づけ、その総督の地位に就いた。

その後、革命の波が引いて保守反動化したフランスとの激しい戦いを経て、一八〇四年ハイチは黒人国家として独立を宣言する。しかしこの独立をもたらしたのは、黒人総督トゥサン・ルヴェルチュールでは無かった。独立をもたらした指導者は、トゥサンの片腕として活躍した部将デサリーヌであった。

ハイチ革命の英雄トゥサン・ルヴェルチュールの限界

トゥサン・ルヴェルチュールは恵まれた奴隷であった。幼時より読み書きを身につけ、農園の家畜の世話頭という奴隷には通常望めない地位に就いていた。彼は西洋古代の傑作戦記『ガリア戦記』や、インドや西インドすなわちカリブ海について記した大著『両インド史』を読んだことがあり、政治や軍事、ヨーロッパ諸国の情勢や植民地拡大の事情といった広い知識を身につけていた。しかしおそらくはこの恵まれた育ちの故に、彼は性格的に限界を抱え、結果ハイチ革命の完成者となれなかった。

彼は知的で穏健で、お人好しな人物に育っていた。彼は白人に対しても友好的で、本国フランス政府には丁重な態度を保ち、反動化したフランスがハイチを再征服し奴隷制を復活させようとした時でさえ、征服軍の指揮官の非道を訴えれば、フランス本国を改心させられると考えていた。彼は奴隷解放を宣言したフランスへの思慕を断ち切ることができず、フランスからの独立は考えてもいなかった。これは彼の穏健さとお人好しの故であろうが、しかしまた彼の賢明さの現れでもあった。フランスと戦い、奴隷制の復活を阻止するという目前の課題を越えた展望を彼は持ち、その後のハイチ社会が成り立っていくためには、フランスとの交流が必要不可欠であると、戦後に思いを廻らせていたのだ。

このような彼の性格と指向は彼の身を破滅させる。白人との友好の道を探る彼は一八〇二年に来襲したフランスの征服軍に即応できず、しかも長らく友好の道を説かれてきた住民は、積極的にフランス軍と戦ってくれなかった。開戦後たちまちハイチは沿岸部のほぼ全域を制圧されてしまう。この不利な状況下でもトゥサンは巧みに戦い、フランスを消耗させていった。その陰で彼は秘密裏に友好妥協の道を探っていった。ところがこの期に及んでのこの態度は、彼のような複雑な政略的思考を持たない部将たちの不信や離脱を招いた。ある者は内心トゥサンを指導者として見限るようになり、ある者は秘密交渉に携わる内に、フランスの側に取り込まれた。また知的な彼はお高くとまって、親しみやすくあけすけに、部下達に自らの意図を語るようなことをせず、その沈黙が部下達の不信に拍車をかけていた。忠実な部下さえフランスに取り込まれたトゥサンは同年降伏を決断したが、名誉ある降伏を認められて引退したはずの彼は投獄され、虐待され、フランス皇帝ナポレオンに寛容と慈悲を訴え続けながら、一八〇三年獄死した。

ハイチ建国の父デサリーヌ――トゥサンの道を乗り越えて

デサリーヌは過酷な環境で育った恵まれない普通の奴隷の一人であった。彼は読み書きは知らず、体中には笞打たれた痕が残っていた。彼は一七九一年の蜂起に加わって以降、トゥサンの副官として、傑出した軍事的才能を示した。彼は勇猛で積極果敢、抜け目がなく狡猾な武将で、虎の異名を付けられた。彼は最も有名な黒人将軍であり、彼の軍事的能力について、トゥサンより上だと見なす者さえいた。彼は元々白人は敵との戦いが終わり、黒人の助力が不要になれば、黒人を奴隷に戻そうとすると考えており、トゥサンの白人融和路線は支持できなかったのだが、トゥサンの優れた能力を畏怖・敬愛し、白人に教育を与えられた穏健で教養ある妻が白人に友好的であった故に、おとなしくトゥサンの路線に従っていた。
しかしフランスの再征服軍との戦いの過程で、デサリーヌはトゥサンの路線からの決別へと踏み出す。クレータピエロの要塞で防衛戦を整えていた一八〇二年三月に、デサリーヌは部下達にこう語りかけている。

「勇気をもちなさい。もう一度いおう。勇気をもちなさい。フランス軍はサンドマングに長らえることはできない。最初はうまくいっても、やがて病気にかかって、蠅のように倒れていくだろう。聴け。デサリーヌは百度降伏することがあろうとも、百度よみがえるだろう。いま一度いう。勇気をもちなさい。フランス軍が手薄になったとき、困らせてやろう。打ちのめしてやろう。畑を焼き払い、山中に退却してやろう。彼らには国を守ることができず、すごすごと去らざるをえないだろう。そのときこそ、あなたがたは独立できる。もはや白人などいなくなるのだ」

（C・L・Rジェームズ、青木芳夫監訳『ブラックジャコバン』大村書店、三一〇頁）

これはハイチの黒人指導者が人々に独立の道を示した最初の時であり、デサリーヌがフランス帝国内での奴隷解放を目指すトゥサンの道と決別した瞬間であった。なおこの地で自由のためなら死も辞さぬと奮闘した黒人軍一二〇〇人は、一万二千のフランス軍相手に二〇〇〇人の損害を与えている。
五月にトゥサンは降伏を決め、デサリーヌもこれに従った。だが既にデサリーヌの心はトゥサンから離れており、これは独自の道を実現するための術策であった。デサリーヌは、フランスに服従したそぶりを示してフランスに取り入り、ハイチ独立に決して賛同しないであろう邪魔者トゥサンをフランスの手によって排除しようとしていた。彼はフランス側に、トゥサンを追放しない限りフランスは平和にならないと吹き込んだ。フランス側はトゥサン逮捕に踏み切った。その後デサリーヌは時を待ち、一八〇三年に挙兵、翌年には皇帝ジャック一世として即位してハイチ独立を宣言した。

南米独立運動のカリスマ指導者
シモン・ボリーバルを支えた実務家肌の副将

サンタンデル

フランシスコ・デ・パウラ
・サンタンデル
Francisco de Paula Santander
(1792~1840)

シモン・ボリバル
Simón José Antonio de la
Santísima Trinidad Bolívar y
Palacios
(1783~1830)

南アメリカ解放の理想を追い求めた男――シモン・ボリーバル

南アメリカ独立運動の英雄で「リベルタドール（解放者）」の異名を持つシモン・ボリーバル。優れた軍事的才幹、遠大な理想、人間的魅力を兼ね備えた彼は、南アメリカ全体のスペイン支配からの解放・独立と南アメリカ諸地域の連帯という壮大な大義のために、南米大陸中を駆けめぐった。彼は南米大陸北部でスペインの支配を打ち破り、ベネズエラ、ヌエバ・グラナダ（現コロンビア）、エクアドルをあわせた領域にグラン・コロンビア共和国を樹立、その大統領に就任した。さらに彼は南方でペルー、アルト・ペルー（現ボリビア）をもスペイン支配から解放した。彼は優れた革命家であった。

しかしボリーバルは傑出した革命家ではあったが、必ずしも政治家、統治者としては優れていなかった。彼はベネズエラ生まれであったが、解放成ったベネズエラやベネズエラがその一部を成すグラン・コロンビアといった足下の統治や内政そっちのけで、遠大な理想を追いかけ、南米各地の解放のために走り回っていた。彼の放置した後方には、実務に長けた副官サンタンデルが残されていた。

独立運動家サンタンデル――法の人から革命家へ

サンタンデルはコロンビアの地主の息子として生まれた。一八一〇年彼は在籍していた法科大学を去って独立運動に身を投じ、その後、戦いや亡命の経験を経て、ベネズエラ、コロンビア国境の牧草地帯で暮らす牧畜民リャネーロたちの指導者の一人として、名を知られるようになっていった。彼はボリーバルの副官となり、一八一九年、ボリーバルのアンデス越えに参加する。この時ボリーバルは故郷ベネズエラ解放の為に戦っていたが、あまり巧くいっておらず、アンデス山脈の彼方にあるヌエバ・グラナダの中枢部へと山脈を越えて侵入・制圧、そこを策源地に勢力を蓄え、ベネズエラに攻め戻ることを計画したのだ。そしてこの計画に際してサンタンデルは、アンデスの足下カサナレ地方に派遣され、独立派諸勢力を糾合、工作終了後はボリーバルと合流して、軍の前衛部隊を務めた。ヌエバ・グラナダ解放をもたらしたボヤカの戦いで、彼は卓抜した指導力を発揮し活躍した。

副大統領サンタンデル

ヌエバ・グラナダ解放後、ボリーバルは後事をサンタンデルに託して、ベネズエラへと舞い戻った。ボリーバルは飛び回り、サンタンデルが後事を預かる。以後彼ら二人の関係は基本的にこの形である。一八二一年にはグラン・コロンビア共和国の体制が定まったが、この時ボリーバル大統領の下、サンタンデルは副大統領となった。彼は各地を飛び回り、南米他地域の解放に精を出す大統領に代わり、大統領代理としてグラン・コロンビアの統治・内政の実権を掌握した。

すれ違い——理想主義者と現実主義者

ボリーバルは富裕な名門に生まれながら、財産を投げ打って独立運動に献身し、裸同然の貧困に陥った理想主義者であった。彼にとっては地域の別や、貧富の差、南米の人々の間にある差異は全て乗り越えられるべきものであり、差異を超え南米人は連帯すべきであった。しかし現実の政治はそのような理想主義では動かない。南米を水平に垂直に引き裂く既得権益のしがらみは、ボリーバルの理想を破り捨てようとしていた。南米諸地域は他地域との連帯よりも別離を望んだ。各地の有力者は、富を持たざる下層民への配慮を説くボリーバルとその理想の賛同者を、下層民を率いて専制者となり破壊をもたらそうとしていると敵視するようになっていった。そしてサンタンデルは現実主義の実務家であり、ボリーバルの部下ではあれど、有力者を基盤に現実の政治運営を行う立場である。理想と現実はすれ違い、二人はやがて決別することになるのだが、決別後サンタンデルは腹心に送った手紙で、ボリーバルの賛同者の脅威について語っている。「いかなる結果になるのであろうか。つねに多数派である持たざる者が勝ち、我々少数派である持つ者が破れるような内戦になるのであろうか」(ホセ・ルイス・サルセド＝バスタルド、水野一監訳『シモン・ボリーバル――ラテンアメリカ解放者の人と思想』春秋社、三三六頁)。

決別

本質的にすれ違いのあるサンタンデルとボリーバルが決別するきっかけになったのは、一八二六年のベネズエラ州長官パエス将軍の反乱運動であった。この頃グラン・コロンビアの首都がコロンビアに置かれた陰で、パエス将軍の治めるベネズエラは衰退していた。パエスはこれに我慢がならず、グラン・コロンビアの実権を握るサンタンデルへの憎しみを募らせ、サンタンデルを「いんちき弁護士(レイイスタ)」と罵倒、サンタンデルは「牛飼い(リャネーロ)」と罵り返す。この様な関係の中べネズエラはグラン・コロンビアからの分離運動を始めた。急遽ボリーバルはグラン・コロンビアの実権を取り戻して仲裁に入り、反乱運動の参加者に恩赦を出すという妥協的な態度で、グラン・コロンビアの分裂を回避した。

しかしパエスへの歩み寄りにサンタンデルは怒り、ボリーバルとサンタンデルの関係は悪化した。サンタンデルは一八二七年に辞任し、ヌエバ・グラナダの分離独立を策するようになる。現実主義者のサンタンデルが、三地域合同のグラン・コロンビアという困難な理想に付き合っていたのは、おそらくボリーバルとの関係があればこそであったろうが、関係が決裂した上は、これ以上つき合う理由は無かったのだろう。二人の関係はさらに悪化の度を加え、一八二八年にはサンタンデルの支持者がボリーバル暗殺に着手失敗、サンタンデル自身は連座を恐れて国外へと亡命することになった。

コロンビア初代大統領「法の人」サンタンデル

サンタンデルという支えを失ったボリーバルは政治的に致命傷を負った。足下を疎かにし、遠大な理想ばかりを追っていた彼は国内に支持基盤が無く、サンタンデル無しでグラン・コロンビアの政治を掌握する力は無かったのである。一八三〇年にグラン・コロンビアは崩壊、サンタンデルは一八三二年に帰国して分離独立したヌエバ・グラナダ共和国（コロンビア共和国の前身）の初代大統領となった。彼は自由主義政策に力を注いだ。また彼は法治国家の建設に力を尽くし、結果「法の人」の異名を奉られている。

アメリカ大統領フランクリン・ルーズベルトを
補佐してアシスタント・プレジデント
（大統領補）と呼ばれた男

バーンズ

ジェームズ・フランシス・バーンズ
James Francis Byrnes
(1879~1972)

フランクリン・デラノ・ルーズベルト
Franklin Delano Roosevelt
(1882~1945)

フランクリン・ルーズベルトの名補佐役

アメリカ合衆国大統領として史上初の三選を果たし、さらに四選まで果たすという空前の記録を残した、政治家フランクリン・ルーズベルト。このアメリカ政治史の巨人の陰にはジェイムズ・フランシス・バーンズという傑出した補佐役がいた。

バーンズは、ルーズベルトの最初の大統領選の時より、ルーズベルトの頼りになる補佐役であった。バーンズは大統領選に際して、ルーズベルトの相談役兼スピーチライターを務め、当選後、ルーズベルトが次期大統領として大統領就任に備えていた時期には、閣僚人事や政治問題に関してしばしば相談を受けていた。そしてルーズベルトの大統領就任後も、バーンズはルーズベルトの主要な補佐役の一人として、忠実にルーズベルトの初期の政治運営を支えた。

その後バーンズはルーズベルトと政治的見解を異にするようになっていったが、それでも両者の友好は揺らぐことはなく、一九四〇年にはバーンズは大統領三選を目指すルーズベルトの副大統領候補の適任者の一人に数えられている。もっともこの時、バーンズが副大統領候補になることはできなかった。バーンズはかつてカトリック教徒であったという過去を抱えており、彼を副大統領候補に指名すればルーズベルト三選の足手まといになりかねないと忌避されたのだ。アメリカ人は極めて宗教的な国民であって、多数派のプロテスタント教徒は歴史的にカトリック教徒を強く嫌悪、人種差別団体が、黒人やユダヤ人とともにカトリック教徒まで攻撃対象にしたことさえあった。やがて反カトリック感情は緩和され、一九六一年にはカトリックのケネディ大統領が就任するのだが、バーンズの時代は、まだまだ反カトリック感情の強い時代であった。この時、ルーズベルトはバーンズを慰めるため、最高裁判事の地位を与えている。

バーンズ大統領補

やがてアメリカが第二次世界大戦に参戦すると、バーンズはルーズベルトの補佐役に戻ることを希望し、一九四二年の前半には彼は非公式の相談役としてルーズベルトを支えた。バーンズは同年八月には新設の経済安定局の長官に任命されるが、これは物価や賃金を制御する他、様々な内政上の事項を管理する役職であった。バーンズがこの地位に就いて辣腕を振るい、内政を処理してくれるおかげで、ルーズベルトは大統領の職務の内、最高司令官としての側面に注力、戦争指導と外交に専念することができた。

一九四三年にはバーンズは戦時動員局長官となり、国および州の戦争関連機関の活動の調整、軍需物資や民生物資の生産・輸送・分配、人的資源の配分等、社会を戦争に動員するための内政上の諸活動を取り仕切った。また戦時動員局長官としてのバーンズの職務には、平時の経済体制への復帰計画も含まれるようになっていった。

これらの内政上の活躍によって、バーンズには「アシスタント・プレジデント（大統領補）」の異名が定着することになった。

ルーズベルトとの反目

ルーズベルト大統領とバーンズ大統領補の良好な関係は、一九四四年に破綻する。この年四選を目指したルーズベルトはバーンズが副大統領候補の指名を得られるよう推薦した。これは一見長年の名補佐役の貢献に報いているかのようにも見える。だがこのルーズベルトの行動に、バーンズの働きに報いようと言う意図は全く含まれてはいなかった。

ルーズベルトと彼の率いる民主党は長らく左傾した政策を採用しており、副大統領の職は急進左派政治家ヘンリー・ウォレスの占めるところであった。ところが当時のアメリカ社会には左傾した政策への反発が生じており、ウォレスを副大統領候補として再指名することは、ルーズベルトの選挙戦を不利にするものである。民主党内でさえ右派がウォレスの再指名に強い拒絶を示していたほどであった。さりとてルーズベルトの民主党としては、左傾した政策で引き寄せた貧困層や労働者が重要な支持層であったので、左派を完全に切り捨てるわけにも行かない。副大統領候補の指名はどうにか中道の人物に落ち着かせ、左右両派の党内融和を図りたいところであった。ここでルーズベルトは、左右両派の力を均衡させることで、中道路線に第三極として脚光を浴びせ、妥協点として中道政治家を副大統領候補に指名させるという策略を思いつく。そしてこの策略の手段としてルーズベルトは右派のバーンズを敢えて後押し、左派勢力と拮抗させたのである。バーンズは右派の支持層以外には極めて受けが悪かったので、左派を抑えつつ、左派を圧倒しない程良い対立候補であったのだろう。そしてこの策略の結果、ルーズベルトの意中の人であった中道政治家のトルーマンが民主党全国大会で副大統領候補に指名された。

ルーズベルトから副大統領候補になれると信じ込まされていたバーンズは、この策略に不満を感じ、表面上は忠勤を続けたものの内心ルーズベルトへの忠誠を失ってしまい、様々な地位を提示して彼を宥めようとするルーズベルトの努力にもかかわらず、両者が心からの友好を回復することはなかった。

トルーマンの補佐役として

一九四五年、ルーズベルトは大統領就任後わずか八三日にして病死し、トルーマン副大統領が大統領に昇格した。バーンズはこの新大統領の下でも補佐役として活躍することになった。バーンズとトルーマンが上院議員であった頃、バーンズは先輩議員としてトルーマンの師匠格であり、それ以来二人は友人関係にあったところ、急な昇進で職務の重さに圧倒されたトルーマン新大統領は、元師匠格で行政経験豊富な友人を、相談役として大いに頼ることになったのだ。バーンズはトルーマンの下で国務長官を務めたが、やがてトルーマンとバーンズの政治的見解に食い違いが生じ、またトルーマンがバーンズの権勢を一長官にしては大きすぎると嫌うようになったため、バーンズは四七年国務長官を辞任することになった。

その後のバーンズ

その後バーンズは一九五〇年に圧倒的な支持率でサウス・カロライナ州知事に当選、一九五一年から一九五五年にかけて州知事を務め、公教育の改善等に力を尽くした。なおバーンズはこの州知事時代に人種差別を容認したことでも知られている。知事の任期が切れるとバーンズは公職からは引退したが、自分の所属した民主党の福祉国家路線を嫌って、敵対政党共和党支持に鞍替え、政治的存在感を示している。右派の政治家として良くも悪くも存在感のある男であった。

アメリカの人気者
アイゼンハワー大統領の
陰で身代わりとなって
汚れ役や尻ぬぐいを務めた
副大統領

ニクソン

リチャード・ニクソン
Richard Nixon
(1913~1994)

ドワイト・デヴィッド
・アイゼンハワー
Dwight David Eisenhower
(1890~1969)

人目を引く政治家ニクソン

アメリカ合衆国第三七代大統領リチャード・ニクソン。彼はそれまで無視敵対の態度であったアメリカの対中国関係を正常化した。これは世界に衝撃を与え、アメリカ最大の敵国であったソ連を一夜にして窮地に追い込んだ。それまで米ソ中の超大国が、それぞれ他の二国と敵対するという関係であったのが、米中関係が好転したことで、ソ連の国際的な立場は一挙に不利になったのである。様々な紆余曲折、浮き沈み、毀誉褒貶を経た人物であるが、ニクソンが高い戦略的洞察力を持つ大統領であったことは間違いのないところだろう。ところでこの政治家は、大統領としてのみならず、様々な政治的立場で目覚ましい活躍を見せた。彼は議員としては、ソ連のスパイ活動に対する執拗な追及を行い、反共産主義の闘士として名を轟かせた。政界引退後、元大統領としての彼は、外交上、安全保障上の助言を与えることで、時の政権に大きく影響を与えた。いかなる立場にあっても、人目を引く働きをする政治家であった。

副大統領ニクソン——事実上の大統領として

この人目を引く男は、一九五三年から六一年にかけてアイゼンハワー大統領の下で副大統領を務めた際にも、目立つ活躍を見せた。一九五六年アイゼンハワーは軽度ではあるが脳卒中に見舞われた。このようなことがあるとどうしても副大統領が大統領に代わって活躍する機会が増えてしまう。彼は大統領首席補佐官の収賄疑惑に対処し、キューバ首相カストロとの会談やソ連首相フルシチョフとの論争をこなす等、様々な国内外の問題を処理した。この時ニクソンは未だ四十代前半という若さで、事実上の大統領であった。

副大統領ニクソン――補佐役として

ところでニクソンは、派手な活躍以外にも、アイゼンハワー大統領の女房役・補佐役として、したたかな仕事ぶりを見せている。軍人上がりのアイゼンハワーは素人政治家として超然とした姿勢を取り、慎重な政治運営をしたとされる。彼は右派政党共和党の大統領であるが、強硬な右派路線からは距離を取っており、補佐役ニクソンは、党内右派とアイゼンハワーの繋ぎ役の役割を果たした。この頃ニクソンは既に、中国を無視するアメリカ外交につき、将来的に中国の台頭は避けられず路線修正が必要になるとの見解を有していた。にもかかわらず彼は敢えて対中強硬発言を行って党内右派との連携を確保したのである。

またニクソンは人柄と軍事的功績によって国民的人気を誇るアイゼンハワー大統領の陰で、マスコミに袋叩きにされながら、不人気な政治的雑事を引き受けていた。アイゼンハワーの軍人時代に参謀を務めたウォルター・ベデル・スミス将軍は、アイゼンハワーの人気に恐れをなして叩きやすいニクソンばかり攻撃する新聞を見て、涙を流しながらニクソンに同情の言葉をかけ、アイゼンハワー（愛称アイク）の補佐役の苦労について語った。「私はアイクの尻ぬぐい役だった。アイクにはいつも尻ぬぐい役が必要だったのだ」（福島正光訳『ニクソン――わが生涯の戦い』文藝春秋、二七七頁）。

【コラム④】古典から学ぶ補佐役の遇し方

強大な権力を振るい、諸事万端を取り仕切る大物補佐役は、上に立つ者にとっては、便利だが恐ろしい存在でもあろう。ここではこの有り難くも忌まわしい存在の遇し方について、古典の知恵を学んでみたい。帝王学の古典マキャベリの『君主論』は、側近で君主を補佐する高官「秘書官」について言う。

……立場を変えていえば、君主は秘書官に忠誠心を持たせるために、名誉を与え、生活をらくにし、恩義をかけ、栄誉と責務とを分かちあって、彼の身の上のことを考えてやらなければいけない。このようにして、君主は秘書官に、自分がいなくてはどうにもやっていけないことを分からせるのである。身に余る栄誉を与えて、もうそれ以上の名誉を望まないようにすること、望外の財産を与えて、それ以上の富を望まないように、過ぎた職責を与えて、変革をこわがるようにしむけることである。

（『君主論』池田廉訳、中公文庫、一三六頁）

恩義や忠誠、分かち合いといった小綺麗な単語ではなく、「自分がいなくてはどうにもやっていけないことを分からせる」「変革をこわがるようにしむける」という点に重点を置いて読めば、それなりに納得できる話であろう。

第5章
アフリカ
中東
中央アジア

史上最初のピラミッドを設計した
古代エジプトのジョセル王の名宰相

イムホテプ

イムホテプ
Imhotep
(2700BC?)

ジョセル王
Djoser
(2649BC)

最古のピラミッドを設計した天才技術者

ピラミッド。石またはレンガで造られた四角錐の建造物。エジプトで王墓として築かれたものが有名であり、エジプトと聞けばまずピラミッドの姿が脳裏に浮かぶ方は多いであろう。このピラミッドは古代エジプトの第三王朝の時代、その第二代のジョセル王の治世において初めて建造されたと言われる。そしてこのジョセル王のピラミッドは史上最初のピラミッドであるとともに、世界最古の完全な石造りの建築物とされている。エジプトではそれまでも建築に石材を組み込むことは繰り返されていたが、ピラミッドはそれら試行錯誤の成果を取り入れ、ついに完全石造建築を実現したのである。

さてこのジョセル王のピラミッドは一人の天才技術者の設計・指揮の下に建造されている。その技術者の名はイムホテプ、様々な学芸に通じた多芸の天才で、その博識の故に死後も広く尊崇され、やがては神格化されるに至った人物である。古代エジプトでは王族以外が神格化されることは非常に珍しいことであった。彼は知恵と筆記、医術の神とされ、やがては海を隔てた異国の民ギリシア人にまで、ギリシア人の医術の神アスクレピオスと同一視されて、崇拝されることになった。

政治家イムホテプ――王に次ぐエジプト人の第一人者

イムホテプは天才技術者であるに加えて、偉大な政治家でもあった。彼は元は古代エジプトの宗教都市ヘリオポリスの祭司団長であったが、ジョセル王の宰相となり、王の政治運営全般の指揮を執って、国力が充実し文化学芸が躍進する輝かしい豊穣の時代を切り開いた。

イムホテプのジョセル王宮廷における存在感を偲ばせるのは、ジョセル王の彫像の台座部分に刻まれた文章で、そこでは王とイムホテプが密接に結びつけられ、イムホテプに壮大な称号が捧げられている。そこでは彼について「下エジプトの王の大臣、上エジプトの王に次ぐ第一人者、大宮殿の長官にして、ヘリオポリスの上級司祭、イムホテプ、建設者にして彫刻家、石の壺の製造者」と記されている。

ピラミッドの政治的意義

既に述べたとおりイムホテプは宗教都市ヘリオポリスの上級司祭であったが、ヘリオポリスは太陽の都を意味する名称で、古代エジプトの太陽神アトンおよびラーの信仰の中心であった。そのためイムホテプは太陽神崇拝の教義に則りピラミッドを設計している。ヘリオポリスで崇拝される神聖石「ベンベン石」は円錐形であり、これは四角錐というピラミッドの形状に影響を与えた。また王は太陽の子で死後昇天して太陽と合体するという教義から言って、王墓は天に向かって高くそびえることが望ましかった。そしてこれら教義とイムホテプの天才建築術が合わさって、錐形の巨大王墓ピラミッドが成立したわけであるが、王にとってもイムホテプにとってもこれは意義深いことであった。これによって神官イムホテプは太陽神の公式信仰化の利益を手に入れ、ジョセルは王権の確立、王権の神聖化を天下に示すことができた。

オロデス王を補佐して
ローマ帝国の侵略という
国難に当たった
古代パルティア最高の名門貴族

スレナス

スレナス
Surenas

オロデス二世
Orodes II
(?~38BC)

カルラエの戦い

前五三年、ローマ共和国の権力者クラッススが約四万の軍勢でイラン高原の強国パルティアに侵入した。パルティアは強国といえどその力はローマにはるか及ばない。そしてクラッススは六〇を越えた熟年・老練の政治家で、軍事においてもローマを揺るがした剣闘士奴隷の大反乱を鎮圧した実績を誇り、一級の名将ではないものの、相応の能力・実績を備えた武将であった。パルティア滅亡の危機と言っていい。

ところがこのローマの侵略は、史上まれに見るほどの屈辱的惨敗に終わる。パルティアはこの時、体こそは大きいが武勇の気配も感じられぬ女と見まがう顔立ちの三〇歳に届かぬ若造を将として、わずか一万の迎撃軍を派遣、ところがこの小敵相手に超大国ローマの熟練武将率いる大軍は、たった一度の戦闘カルラエの戦いで、壊滅させられてしまったのである。パルティア軍は戦闘部隊を騎射を得意とする軽装騎兵中心に騎兵のみで構成していたが、まずは重装騎兵の突撃を叩き付け、しばらくローマ軍の注意を惹き付けておき、それが撃退されるまでのわずかな隙に軽装騎兵が素早くローマ軍を取り囲んだ。あとはローマ軍が押せば引き、ローマ軍が引けば押す、騎兵の足で距離を保って矢を射かけ、ローマの誇る重層歩兵の近接戦闘力を発揮させず、弾が尽きれば輸送用のラクダ隊から補充して、一方的にローマ軍を殲滅してしまった。ローマ軍は二万の死者を出し、一万が捕虜になったという。

スレナスという謎の男

さてこの偉大な武勲をたてた青年武将は、その名が今に伝わってはおらず、家名をギリシア語化したスレナスの呼称で資料に姿をとどめている。しかし彼は高貴の出、王が即位する際に戴冠させる特権を与えられた名門貴族の家の生まれで、家柄と財産の点で王に次ぐとまで言われていた。それどころか彼は、ローマとの戦争に先立つパルティア王家のオロデス、ミトリダテス兄弟による内乱において、現王オロデスに協力し、自ら先頭きって城壁を登り、敵軍を潰走させてオロデスを王位に押し上げるという功績を立てていた。対ローマ戦の時点で既にただ先祖から地位と財産を受け継ぐだけの男ではなかったのである。さらに彼は知略の評判も高かった。ローマの大軍の迎撃にわずか一万の軍で派遣されたのも、家柄、知謀、勇気を兼ね備え、実績抜群なオロデスの絶対的な右腕として、それでも十分な成果を上げられる、勝ちはなくとも、次の一手につながる戦いを見せる、おそらくはそう信頼されたが故であったろう。

スレナスその後

スレナスは、カルラエの戦勝からまもなく名声を妬んだ王の命で殺された。忠誠を疑わせるような事実は何ら後世に伝わっていないが、彼は個人旅行にも一千頭のラクダで荷を運び、二百台の車で妾を伴う、豪奢極まる生活を送る男。良くも悪くも貴族らしい、誇り高く態度の大きな人間だっただろう。有能すぎる補佐役として危険視されぬよう身を慎む、謙虚賢明な処世術とは無縁のまま、かかる末路を辿ったと思われる。

ムアーウィヤとサッファーフを補佐して
王朝交替を成し遂げた
初期イスラム帝国の
知謀の補佐役達

アムル＆
アブー・ムスリム

アブー・ムスリム
Abu Muslim
(~755)

アムル・イブン・アル＝アース
Amr ibn al-As
(594~663)

補佐役の知謀が歴史の流れを決定したイスラム帝国王朝交替史

七世紀に成立した宗教国家イスラム帝国は、大規模な内乱による大変革を二度経験している。すなわち六六一年のウマイヤ朝の成立と七五〇年のアッバース朝の成立であるが、これらの二つの内乱において戦いの行方を決定づけたのは、それぞれの王朝創始者を支える補佐役の傑出した知謀であった。ウマイヤ朝創始者であるウマイヤ家のムアーウィヤは、内乱に当たって友人アムル・イブン・アル・アースの支援を受けたが、この友人は政治的天才を謳われる当時随一の知将であり、敗北に陥りかけたムアーウィヤをその謀略によって、一転、帝王の地位へと押し上げた。アッバース朝創始者であるアッバース家のサッファーフ（アブー・アル・アッバース）は、アブー・ムスリムの組織した革命運動によって帝王位に推戴されたが、アブー・ムスリムは出自不明の解放奴隷という怪しい身の上でありながらサッファーフの父によって見出され、アッバース家の権力掌握のための地下運動を展開していた謀略家であった。

アムル――ウマイヤ朝建設を支えた幸福な名補佐役

アムルはイスラム帝国の征服戦争で活躍した当時最高の武将の一人であった。若い頃から弁論に優れ機転の利いた彼は、長じては狡猾な知将となり、強敵との戦争をためらう自国の指導部を出し抜く形で征服戦争を断行、比類無き豊かさで知られるエジプトの地を帝国の版図に組み入れることに成功した。彼は武勲欲しさにエジプト遠征を主張して認められたのであるが、その準備に際して、仮に国境を越えるまでに遠征中止の命令が届いたときは直ちに引き返すよう指示されており、まさに国境を越えてエジプトに踏み入ろうという時、彼の元にはカリフ（国王）からの使者が到来する。ところがこの時アムルは使者の持つ書簡が遠征中止の命令だと予測して、あえて書簡を放置、国境を越えてから開封し、国境を越えるまで命令が届かなかったものと見なして、エジプトを征服してしまったのだ。とはいえこの危険な知将は、征服後、カリフに嫉妬警戒されエジプトから召喚されてしまう。

やがて帝国が内乱に陥り、反乱軍によって国王に推戴されたアリーとこれに対する忠誠を拒否したシリア総督ムアーウィヤが王位を争うようになると、アムルは親しい友であるムアーウィヤに荷担、ここで一層狡猾な知将ぶりを発揮する。ムアーウィヤはシッフィーンの戦いでアリーの軍に圧倒され、逃亡寸前という所まで追いつめられたが、この時アムルはムアーウィヤに奇策を一つ提案する。槍先にイスラム教の聖典コーランを結びつけ、武力での決着ではなく、コーランに従った裁定により決着を付けようと、戦場で戦う信徒達に訴えかけたのである。宗教国家というイスラム帝国の性質を悪用する計略であり、味方さえも平然と出し抜いたアムルらしい悪辣さであるが、これは見事な効果を発揮、敬虔な信仰心を抱く兵士達は戦闘意欲を喪失した。アリーは敵の計略であると知りつつ、配下の敬虔な信徒達の声に押し切られ、この提案を受諾せざるを得なかった。そして一応王位を獲得していたはずのアリーは、王位を裁定に委ねる合意が成立したことで、王位僭称者の地位に引きずり降ろされ、一方ムアーウィヤは何も失わなかった。さらにアリー陣営ではこの裁定に憤激したタカ派が離脱、その勢力は急激に衰退していった。その後ムアーウィヤはアリーの勢力を圧倒するようになり、六六一年カリフの地位を宣言する。

ところでアリー陣営から離脱した勢力はハーリジュ派というイスラム教の分派を形成、アリー、ムアーウィヤ、アムルの三名を平和の撹乱者として、暗殺しようと目論むようになった。王位を巡って争う二人と並べて、部下のアムルの名が挙がるところに、ムアーウィヤの一臣下という分を遙かに超えた、知将アムルの存在感を見て取ることができる。ムアーウィヤは功績絶大なこの友人に非常に感謝し、アムルは総督の地位を与えられエジプトに返り咲いた。彼はエジプトで巧妙な統治者として名声と富に包まれたまま、六六三年に自らの築いた宮殿で平穏な死を迎えた。かつてカリフに嫉妬冷遇された危険な策略家の、あまりに穏やかで幸福な晩年であるが、ムアーウィヤは寛容を旨とする政治信条とアムルと並び称される程の政治的天才を兼ね備えた人物で、アムルの知謀に引け目や恐怖を感じることが無かったのだろう。

アブー・ムスリム――アッバース朝建設を支えた悲運の名補佐役

ウマイヤ朝イスラム帝国は国内に膨大な不平分子を抱えていた。イスラム帝国はウマイヤ朝時代までは、支配者であるアラブ人が特権階級として君臨する国家であり、非アラブ人はしだいに帝国に対する反発を強めていった。またアラブ人は内輪もめの傾向が強く、アラブ人同士の対立も深刻な物であった。とりわけウマイヤ朝建設によって、敗者の地位に追いやられた元アリー勢力のシーア派もウマイヤ朝への敵意を持ち続けていた。ここでこれら不平分子の存在を利用して権力奪取を図ったのが、アッバース家、イスラム教の開祖ムハンマドの叔父の血を引く、イスラム世界の名家である。

アッバース家は各地に工作員を送って不平分子との連携を広げたが、七四六年同家の家長イブラヒームは工作員アブー・ムスリムをイラン東部ホラサーン地方に派遣、この地でアブー・ムスリムはアラブ人に対する工作でもイラン人に対する工作でも大成功を収める。ホラサーンに強固な勢力を築いたアブー・ムスリムは、反乱の機が熟するのを待ち、七四七年に黒旗を掲げて武装蜂起に踏み切った。黒旗はメシア（救世主）の象徴であり、またウマイヤ朝の白旗に対抗する旗でもあった。

挙兵後アブー・ムスリムは巧妙に諸勢力を糾合する。彼は反乱の最高指導者に誰を据えるのかを明らかにせず、指導者をムハンマド家のなかの同意された者とだけほのめかしておいた。ムハンマドの叔父の血を引くアッバース家はもちろんこの条件に該当するが、シーア派の信奉するアリーはムハンマドの従兄弟であり、この表現はアリー家を旗印にしようとしているとの解釈も可能。アリー家を尊崇するシーア派が、勝手に期待をふくらませアブー・ムスリムの反乱を支え続けるというわけである。

ところが反乱軍の勝利に向けて情勢が確定した七四九年、アブー・ムスリムは同年死去したイブラヒームの弟であるサッファーフを素早くカリフに推戴し、たちまち忠誠の誓いまで完了、余りに素早い措置にシーア派もサッファーフのカリフ就任を認めざるを得なくなってしまったという。

その後のアブー・ムスリムであるが、天然痘でサッファーフが早死にすると、後を継いだサッファーフの異母兄弟マンスールによって間もなく危険人物として謀殺された。王位を争ったマンスールの叔父アブドッラーをナシービーンの戦いで打ち破るという武勲を立てた直後のことであった。

アルプ・アルスランとマリク・シャーを
補佐してセルジュク・トルコ帝国の
最盛期を導いた大宰相

ニザーム・アルムルク

ニザーム・アルムルク
Nizam Al-Mulk
(1017~1092)

マリク・シャー
Malik Shāh
(1055~1092)

暗殺者教団の凶刃に倒れた大宰相

一〇九二年一〇月一五日金曜日の夜、イスファハンからバグダードに向かう街道上、イラン西部ネハーヴァンド付近において、一つの暗殺事件が発生した。暗殺者は羊毛製の粗衣に身を包む神秘主義修行者スーフィーの姿で貴人の輿に接近すると、短剣を繰り出して、目標の殺害に成功した。

これは山岳地帯に要塞を構え、そこから暗殺者を送り出して次々と要人殺害を繰り返し、イスラム社会を恐怖に陥れたイスラム教少数派であるシーア派中の過激分子ニザール・イスマーイール派、暗殺者教団として名高いテロ集団による最初の暗殺事件であった。そしてこの暗殺者教団の最初の犠牲者となったのは、過激シーア派たる暗殺者教団にとっての宗教的な仇敵、大政治家ニザーム・アルムルク、イスラム教多数派のスンナ派を厚く信奉する大帝国セルジュク・トルコの最盛期を支えた名宰相であった。

中途採用の外国人官僚の宰相への道

セルジュク朝は混乱に陥ったイスラム社会に遊牧民トルコ人が乱入して建設した巨大軍事帝国であるが、トルコ人は大帝国を築くに当たり、文筆・行政実務に優れたイラン人を官僚として大々的に活用、各地の学校の秀才少年を集め、あるいは他国の官僚を引き抜く等、八方手を尽くしてイラン人学識者をかき集めた。ニザーム・アルムルクもそのようなイラン人官僚の一人であり、セルジュク・トルコの宿敵ガズナ朝に仕えた後に、セルジュク朝に移籍した。そこで彼は幸運にもセルジュク朝建国者トゥグリル・ベクの甥アルプ・アルスラーンの養育係（アターベク）に任じられ、アルプ・アルスラーンを一対一で親しく教育するという地位を得る。そして一〇六三年トゥグリル・ベクが病死すると、ニザーム・アルムルクは奴隷出身の将軍とともにアルプ・アルスラーンを第二代国王（スルタン）に擁立、以後新国王およびその息子第三代国王マリク・シャーの元で宰相を務めた。彼は統治機構を整備し、遠征にすら参加し、精力的な活動で国王を補佐、おかげでマリク・シャーの時などスルタンの仕事は鷹狩りだけと言われる有様であった。とはいえ晩年、宰相と国王の仲は極度に悪化、ニザーム・アルムルクの暗殺事件は王妃テルケン・ハトゥンあるいは国王マリク・シャーとの共謀下に引き起こされたとの推測さえある。

ニザーム・アルムルクの業績

ニザーム・アルムルクはトルコ人部族軍が国王の統制を嫌い、不安の種となる政治情勢下、国王に忠実な奴隷出身の親衛軍を強化、国家権力を安定化させた。また彼は、社会の混乱と治安悪化により農村の収穫が不安定化、国家収入にも悪影響が出るという社会情勢に対し、軍人に土地を与えて農村を支配させることで対処、粗野な軍人の意識を農村の繁栄と治安維持に向けさせ、社会に繁栄をもたらすことに成功した。この他各地に学院を建設し、イスラム神学と法学の振興および官吏の養成を図ったことも彼の著名な業績である。彼は『スィヤーサト・ナーメ（統治の書）』という君主の統治を論じた著作も残している。

史上最大の征服者チンギス・ハーンの
建国を副将として支えた武勇の弟

ジョチ・カサル

ジョチ・カサル
Jöči Qasar
(1164~?)

チンギス・カン
Činggis Qan
(1162~1227)

チンギス・ハーンを支えた男達

モンゴル高原を統一し、モンゴル帝国を建てた大征服者チンギス・ハーン。彼の下には四頭の駿馬「四駿」と呼ばれる賢明な側近や、四匹の犬「四狗」と呼ばれる勇猛な武将達がいた。しかし高原統一の過程において、それらの名臣にもましてチンギス・ハーンの助けとなったのは、その弟たち、とりわけ弟の一人、敵を呑み尽くしてなお飽き足らない獰猛な大蛇に喩えられた勇将ジョチ・カサルであった。

チンギス・ハーンの武勇に優れた副将ジョチ・カサル

中国の歴史書『元史』によればチンギス・ハーンは、二人の弟のおかげ、すなわちベルグテイの力とカサルの射によって、天下を取れたと語っていた。

またモンゴル帝国時代のモンゴル人が記したチンギス・ハーン一代記『元朝秘史』は、モンゴル高原統一後ジョチ・カサルが処刑されかけた事件について記す際、胸の才すなわち優れた知力の持ち主であるチンギス・ハーンと対比させて、ジョチ・カサルを射力の才すなわち優れた武力の才の持ち主として描写している。そしてこの時兄弟の母ホエルンは、敵を倒し尽くしたからといって用済みの弟を処刑するのかとチンギスを責めたてている。ここから分かることはモンゴル帝国人にとって、帝国は知略家チンギス・ハーンの下、勇将ジョチ・カサルが敵を打ち倒すことで成立した国であったということである。

ところでここに至る以前、モンゴル高原統一の過程においては兄弟の関係は良好であった。兄は情勢判断につき弟の意見を求めることもあったし、なにより戦場において弟は頼りになった。やがてジョチ・カサルに過誤や命令違反があったことが原因で、一二〇〇年頃から兄弟関係には隙間が生じるが、それでもチンギス・ハーンはジョチ・カサルを大いに頼りにした。一二〇四年にモンゴル高原一の富裕部族ナイマン族と戦った際など、チンギス自らは先鋒隊を率いており、本隊はジョチ・カサルの指揮に委ねられていた。高原統一までジョチ・カサルはチンギスの欠くことのできない副将であった。

兄弟の仲違い

ところでモンゴル高原統一後、既に記したようにジョチ・カサルは兄によって粛正されかかる。このような事になったのは、テンゲリ（天神）を祭って権勢を誇るシャーマン、テブ・テンゲリが、カサルを国の主とする神告があったと語ったせいであった。テブ・テンゲリは神の威を借りて横暴な振る舞いが多く、王家とすら権勢を競う風があったので、おそらくこれは王家を分裂弱体化し自己の権勢を高めようという陰謀であろうが、これを聞いたチンギスはというと、ジョチ・カサルを危険視しこれを捕らえ処刑しようとした。ジョチ・カサルは母の取りなしで処刑を免れ、その後も部将としてある程度の地位を占めたが、かつての存在感はもはや無く、一二一三年の遠征に参加したのを最期に史料から姿を消し、その後については、いつとも分からぬ何らかの戦いで戦死していたことのみが伝わっている。

幼なじみのティムール帝国国王
フサイン・バイカラーを補佐して
文化的な黄金時代を演出した名補佐役

アリー・シール・ナワーイー

アリー・シール・ナワーイー
Ali-Shir Nava'i
(1441~1501)

フサイン・バイカラー
Hussein Baikara
(1438~1506)

ティムール帝国国王と大臣の友情――少年の日の誓い

中央アジアのイスラム国家ティムール帝国の首都ヘラートの私塾に二人の少年がいた。一人は王族のフサイン・バイカラー、後にティムール帝国の国王となる人物、もう一人はミール・アリー・シール・ナワーイー、後にフサインの側近・大臣として最も強い影響力を持つ相談役となる人物であった。二人は乳兄弟にして学友であり、その仲は極めて親密、大人になったとき成功している方が他方を助けるという誓いを立てるほどであった。

やがて闘争の末にフサイン・バイカラーは王位に就いたが、この時ただちに幼い頃の盟約通り、アリー・シール・ナワーイーを呼び寄せる。アリー・シール・ナワーイーは御前会議を構成する要職の国璽管理官に任命され、一四七二年には最高会議の一員に取り立てられた。帝国高官としてナワーイーは、スンナ派とシーア派というイスラム教の派閥争いを調停したり、住民の生活に配慮して減税を実施するなど、優れた政治手腕を発揮し、やがては大臣の地位を手中に収める。大臣となった彼は、隊商宿や貯水池、橋や公衆浴場、学校、礼拝所などを建設して住民生活の向上を図った。また彼は富裕でありながら、家族はなく、金のかかる趣味も持っていなかったため、莫大な自分の財産を国王や他の高官に贈与した他、福利施設の建設に気前よく投じていた。私心無く民衆と国王に尽くした、名政治家であったと言えよう。

ところでナワーイーというのは彼が私人として採用した雅号で、彼はウズベク文学の祖と評価される偉大な詩人であった。その上彼は、個人として芸術的才能を発揮するに加え、地位および富を活かして、多くの他の優れた芸術家の後援者となっている。主君のフサイン・バイカラーも芸術の支援者として名を残しており、ヘラートの文化は、彼らの時代に黄金期を迎えた。そのためスルタン（国王）フサイン・バイカラーは、文化を手厚く保護する模範的君主として、イスラム世界で広く賞賛を受けることになった。

左遷と反乱疑惑とそれでも壊れぬ信頼関係

ところで大臣として活躍したアリー・シール・ナワーイーであるが、一四八七年には首都から遠く離れたアストラバードに左遷されてしまう。もう一人の有力大臣メジェド・アディンとの勢力争いに敗北してしまったのである。ナワーイーが盛んに建築事業を起こして国富を思い切りよく注ぎ込むことを国王が度が過ぎると考えたせいでもあるらしい。地方にあってナワーイーは、尊敬する友人のいるヘラートへの帰還を切望し、一四八八年に辞職してヘラートに帰りたいと嘆願書を出すことになる。

ところでこの左遷によっても国王とナワーイーの信頼関係が完全に崩壊することはなかったようだ。一四八八年、国王がナワーイーを殺そうと食物に毒を混ぜるよう命じ、ナワーイーは反乱を決意したとの噂が流れたが、この噂を聞いた国王は、使者をナワーイーに送って噂の根も葉もないことを知らせ、ナワーイーの方も国王の元に出向いて噂を否定した。二人は仲がこじれても、互いの殺意を信じないだけの信頼を保っていたのだ。ナワーイーはこの事件のあと、国王の側近としてヘラートに復帰することを許された。

皇帝ヨハネス四世の信任を受け
侵略者イタリアとの戦い等で名声を博した
エチオピア近代史の英雄

ラス・アルラ

ラス・アルラ
Ras Alula Engda Qubi
(1827~1897)

ヨハネス四世
Yohannes IV
(1837~1889)

エチオピア皇帝ヨハネス四世とその時代

一九世紀後半にエチオピアの覇権を握り、皇帝を称したヨハネス四世、その治世は強力な外敵の侵略に直面した外患の時代であった。初めはエジプト、その後はイタリアがエチオピア侵略を試みた。キリスト教を掲げるエチオピアにとってジハード（聖戦）を唱えるスーダンのイスラム勢力マフディ教徒との戦いも深刻な問題であった。またこの時代は内憂の時代でもある。エチオピアは一九世紀半ばに皇帝テオドロス二世による統一が成るまで、諸公侯時代と呼ばれる長きに渡る戦乱の時代にあり、テオドロス死後、有力な公侯であったヨハネス四世が皇帝号を獲得した頃も、その国情は不安定、皇帝は危ういバランスの上に辛うじて他の公侯に対する優位を確保しているというのが実情であった。そのためエチオピア内部の勢力争いもまた深刻であった。したがってヨハネス四世の治世は、多くの戦いに彩られているが、この戦いの時代をヨハネス四世は一人の傑出した補佐役アルラ・エングダに支えられて戦い抜いた。その補佐役は貧しい農民の家に生まれながら、ヨハネス四世のおじに仕えて役人となり、娘婿に選ばれるという抜擢を受けた才人。ヨハネス四世に軍の長の一人に指名され、ついにはラス（公侯）の高位にまで上り詰めた傑物であった。彼はヨハネス四世の友として厚い信任を受け、ヨハネスはその死に臨んで遺児をラス・アルラに託すほどであった。

ラス・アルラの戦い

ラス・アルラは一八七一年に軍の長の一人に任命されたが、それに引き続く日々、エジプトとの戦いにおいて、中核的な役割を果たした。彼はエジプトの侵略軍との間で行われた一八七五年のグンデトの戦いおよび一八七六年のグラの戦いで目覚ましい活躍を見せた。さらに彼はエチオピア国内の鎮定にも大きな役割を果たし、エジプトに通じた公候ウォルデ・ミカエル・ソロムンを攻撃、一八七九年にはウォルデ・ミカエル・ソロムンを降伏させている。

一八八五年からはラス・アルラはイタリアの侵略に対する抵抗の先頭に立ち、彼の存在はイタリア軍にとって大きな脅威となった。特に彼の目覚ましい戦果として一八八七年のドガリの戦いは特筆に値する。この年イタリアが各地を占領するという情勢下、ラス・アルラは撤兵を求めて最後通牒を出し、二万の軍を出発させた。彼は予期せぬ地点ドガリにおいて五四〇人のイタリア部隊を発見、このイタリア軍は数こそ少ないものの機関銃二丁を保有する強敵であった。予期せぬ強敵にもラス・アルラは動じず、迅速に攻撃を決断、夜間の内にイタリア軍を包囲下に置いてしまう。翌朝ラス・アルラの軍の存在に気づいたイタリア側は丘の斜面を利用して素早く迎撃の備えを固めたが、ラス・アルラの攻撃の前にまともな抵抗もできぬ内に、たちまち敗北することになった。五四〇人中四五〇人余りが死に、八三人が負傷という壊滅的な惨敗であった。イタリアはこの戦いをエチオピアの卑怯な待ち伏せ、虐殺と呼び、犠牲者を悲劇の英雄に祭り上げ、以後エチオピアに野蛮、残酷とのレッテルを貼り続けた。

ラス・アルラはヨハネス四世が指揮を執った一八八九年のマフディー教徒との戦いにも随行、様々な地点を攻撃して功績を立てている。

ヨハネス四世の遺児を支えて

一八八九年のマフディー教徒との戦いで皇帝ヨハネス四世は戦死する。敵の要塞基地を次々陥落し、戦いは順調に進んでいたのだが、ヨハネスが心臓の真上に弾丸を受けて重傷を負い、その翌日に死んでしまったのだ。この戦いに先立ちヨハネスは義妹の息子であるデジャズマッチ（太守。ラスより一階級下）のマンガッシャを実子として認知、これによって自分の後継者に指名していたが、彼はラス・アルラたちに「マンガッシャをくれぐれも頼む」（岡倉登志『二つの黒人帝国　アフリカ側から眺めた「分割期」』東京大学出版会、七八頁）と遺言した。

この皇帝の言葉を受けて、以後、ラス・アルラはマンガッシャを忠実に支えた。ラス・アルラは個人的な心情としてはイタリア人嫌いを公言していたが、マンガッシャの政策とあれば、忠義を優先させてイタリアとの友好を誓約することさえした。しかしラス・アルラの忠勤にもかかわらず、未だ二五歳の青年に過ぎないマンガッシャから人々は続々と離れていった。もっともマンガッシャが若輩でなくとも、マンガッシャがヨハネスの覇権を受け継ぐことは、容易ではなかっただろう。ヨハネス時代、ヨハネスの前には強大なライバルとして有力公侯メネリクが立ちはだかっており、ヨハネスはこれを自分の覇権下に一応従属させることに成功したものの、実態においてはエチオピアの支配権をメネリクと分け合っていると言ってよい状態にあった。ヨハネスという重しの消えた後には、人心がこの強大な競争者の元に集中するのも、当然の流れと言える。マンガッシャの元には、最終的には、ラス・アルラくらいしか支持者が残らなくなってしまった。

一八九四年マンガッシャはついにメネリクの軍門に下った。マンガッシャはラス・アルラと連れだってメネリクの前に出頭、首に石を吊すという屈辱的な格好で陳謝の意を示して跪き、メネリクの赦しを乞うた。結局、ラス・アルラは遺児を託したヨハネスの期待に応えることができなかったわけだが、前記のような情勢を考えればやむを得ないところであろう。なおこの時、反白人の英雄、イタリア嫌いのラス・アルラは、イタリアと敵対するに至っていたメネリク勢力から熱狂的な歓迎を受けたという。ちなみにラス・アルラはエチオピアがイタリアの大規模侵略軍を叩き潰した一八九六年のアドワの戦いにも参加している。

ラス・アルラの人物

ラス・アルラという人物の個性、人間性についても少し見ておこう。ラス・アルラはチョコレート色の肌を持つ、細面ながらガッシリとした体格の男であった。決して笑わず、ゆっくりとしゃべり、外国人に対しては礼儀正しかった。自国民に対しては傲慢、強欲であり、奪うことを好み、与えることを好まず、彼が訪れた村は何も残らないほどの容赦ない収奪を受けたとも言われている。彼は全く文字の読み書きはできなかったが、知的能力に優れており、また優れた馬の乗り手であった。彼について同時代のエチオピアの詩は獅子の強さと、豹の素早さ、狐の狡猾さ、伝説上の賢王ソロモン王の知恵を持つと讃えている。

トルコ近代化を成し遂げた不世出の英雄
ケマル・アタチュルクを助けて
政治に軍事に奔走した名補佐役

イノニュ

イスメト・イノニュ
Ismet Inonu
(1884~1973)

ムスタファ・ケマル・アタテュルク
Mustafa Kemal Atatürk
(1881~1938)

イノニュ高原の戦い

第一次世界大戦に敗北したトルコ帝国は滅亡の危機にあった。勝者である連合国、すなわちイギリス、フランス、イタリア、ギリシャ等の諸国は、セーブル条約でトルコ帝国を列強の隷属国家に落とし込む屈辱的和平を押しつけ、領土的野心をむき出しにして、トルコ領の分割を図った。ここでトルコの傑出した軍人政治家ケマル・アタチュルクは、連合国に媚びる帝国を見限りアンカラに反乱政府を樹立、連合国に対する抵抗戦争を開始した。ケマルはたちまちフランス、イタリアの軍を駆逐したが、イギリスとギリシアは、はるかに強い領土的野心と侵略的意図をもって、ケマルの前に立ちはだかってきた。

一九二〇年冬イギリスによる武器弾薬の支援を受けたギリシア軍はトルコ領へと侵入、トルコ領のさらなる奪取を目指し、暴虐の限りを尽くして進軍する。ギリシア軍の進路では全住民が殺害された村さえ少なくなく、ギリシア軍は男のみならず女子供までクギで木に張り付け、なぶり殺しにした。ギリシアの同盟国イギリスの新聞記者でさえ、ギリシアの所行を狂犬と呼んで嫌悪した。

これに対しケマル・アタチュルクは、敵の進行方向の住民に避難を呼びかけるとともに、ギリシア軍迎撃に乗り出す。ケマルは第一次大戦中の部下で、この時までに彼の右腕となっていた自分の心酔者、イスメト大佐を参謀総長に任じ、イノニュ高原へと派遣した。イスメトはイノニュ高原で二度にわたってギリシア軍と戦い、武器弾薬の不足に苦しみながらも撃退に成功したが、この戦勝は大きな反響を呼び起こし、国際社会にはアンカラ政府の正当性の承認と、イギリスおよびギリシアの政策への不信が広まった。人を褒めることの少ないケマルも、反乱政府を正統政府へと押し上げたこの勝利に対しては、賞賛の言葉を惜しまず、「貴官は敵に勝ったのみならず、祖国の苦境をも打破してくれた。心からなる感謝を捧げる」（大島直政『ケマル・パシャ伝』新潮選書、一五四頁）と電報を送った。

イスメトもこの勝利を自讃し、晩年には、ことあるごとにイノニュ高原での自分の指揮ぶりを自慢するのが癖となっていた。そして彼の自讃を何よりよく示すのは、彼の姓である。後にそれまで名しか持たなかったトルコ人が姓を持つよう定められた際、彼は武勲の地「イノニュ」を自分の姓としたのである。

政治家イノニュ――ケマル・アタチュルクの右腕として

イノニュは軍事的にケマル・アタチュルクの右腕であったのみならず、ケマルの政治的な右腕でもあった。ギリシア、イギリスのトルコ侵略の意図は、ケマルの手によって一九二二年、完全に粉砕されたが、この年イノニュは外務大臣に就任、トルコの勝利を受けて開催された連合国との新たな和平会議、ローザンヌ講和会議に首席全権として列席した。彼はケマルと連絡を取りつつ、トルコの中核的領土の保全と、トルコ領内で列強に与えられた政治的経済的特権を撤廃し、トルコの独立性を回復することを目的に、交渉に臨む。彼は、特権を手放すまいと強硬な態度を取り、トルコの罪状を延々四時間も並べ立てて要求を押し通そうとする、イギリスの全権大使カーゾン外相に向かって言い放つ。「すみませんが、私は片方の耳が悪いので、どうも肝心なところを聞きもらしたようです。恐れいりますが、もう少し近くで、もう一度初めからくり返していただけませんか」（前掲書、一七五頁）。カーゾンはこの挑発を受け、怒りの余り、会議室を退去、和平会議は中断を余儀なくされた。そして中断の間、イノニュはフランスやイタリアに様々な秘密協定を提案、領土的な餌をちらつかせる。すると自国とトルコの対立で、他国が漁夫の利を得そうなのに耐えられなくなったイギリスが、会議の再開を申し出た。イギリス側の発言は、中断前とは一転、イノニュの悪い耳にも良く聞こえるような、歩み寄った内容に変わっていたという。この会議の結果、セーブル条約の屈辱的和平は撤廃され、トルコは中核的領土と独立性を保全することに成功した。

その後一九二三年、トルコはトルコ共和国となり、ケマル・アタチュルクが大統領に就任した。イノニュは二三〜二四年、二五〜三七年の二度、ケマルの下で首相を務めた。ケマルの死ぬ一九三八年までの間、二人の間に争いが生じることも無くはなかったが、大体においてイノニュは忠実有能な補佐役として働いた。イノニュのケマルに対する敬愛は、ケマル死後の臨時国会でケマル・アタチュルク追悼演説を行おうとした際、涙に声が詰まって言葉を出せず、そのまま壇上で泣き伏してしまった程である。

大統領イノニュ――ケマル・アタチュルクの後継者として――その功

ケマル・アタチュルクの死後、イノニュはトルコの第二代大統領に就任したが、イノニュ統治下でトルコは一九四六年複数政党制導入に踏み切った。トルコはケマルの下で議会民主制を採用していたものの、この時までトルコ人民党による一党独裁が続いていたのである。ケマル自身は複数政党による真に民主的な議会政治を望んでおり、三〇年には複数政党制の導入、野党の育成を試みている。この時ケマルは自ら自由共和党という野党の党名を決めるほどの意気込みであった。しかし国民の政治的未成熟の結果、この試みは大失敗、野党と与党の罵り合いが暴力沙汰にまで発展し、挙げ句混乱が地方に飛び火して無数の暴動が発生、ケマルは不本意ながら、唯一の政党トルコ人民党を率いる独裁者として強権的な支配を続けざるを得なかったのである。それが後継者イノニュの下で、ようやくケマルの悲願が実現したのである。

イノニュはケマル死後もケマルの理想に尽くし、ケマルの元補佐役にふさわしい働きを示したと評価できる。なお第二次大戦で中立を守り国家を戦禍から救うなど、この他にも、イノニュ大統領の功績は大きい。

大統領イノニュ――ケマル・アタチュルクの後継者として――その罪

ケマル・アタチュルクの後継者として見事な業績を残したイノニュだが、彼の統治には陰の側面もある。彼はアタチュルク侮辱禁止法を制定し、各地に多数のアタチュルクの銅像を立て、アタチュルクの神格化に力を注いでいる。これは「アタチュルク」＝「トルコの父」として国民的尊崇を受けるケマルほどの威信を持たないイノニュにとって、政治を安定させるための、やむを得ない手段であったかもしれない。しかし独裁者として強権的支配を敷くことを不本意に感じ、真に民主的なトルコを望んだケマルにとって、死後とは言え自分の神格化が行われたことは、決して好ましいことではないだろう。彼は生存中は、ソ連の独裁者スターリンのような個人崇拝につながるとして、自分の銅像の建立を禁じていたのだから。この点でイノニュは、ケマルの元補佐役として道を踏み外したと評価される余地を残している。

【コラム⑤】 補佐役の存在意義

指導者に意欲と能力が致命的に不足している場合はさておき、そうでない場合の補佐役とはいったい何のために存在するのだろう。一人の人間があらゆる仕事をこなすことはできない以上、組織・集団において分業は必然であり、指導者の下で部門別に助言や事務処理を行う人間は当然必要である。だがその域を超えて、「補佐役」として認識される大物サブリーダーが存在する意義はいったい何だろう。

結論から言ってしまえば、補佐役の存在意義は指導者・主君に組織運営の結果に対する個人責任を負わせないことにある。組織を切り盛りする実務的な処理能力の持ち主が、探せば意外と多く代用品を見つけ得る一方で、組織・集団をまとめ上げ、組織・集団の存在を正当化し得る、カリスマや権威の持ち主は、代わりの見つけ難い貴重品である。カリスマや権威は、人間の才覚・努力のみによって成り立つわけではなく、それら人的要素に時の利や歴史・伝統といった、人為によって容易に生み出しがたい諸要素が加わって、ようやく成立するものなのだから。その貴重品を損なわぬための工夫として、補佐役の存在が必要になるのである。それ故に人類社会は、しばしば制度的・慣習的に補佐役、サブリーダーを設定してきた。例えばイスラム社会では、歴史上、大宰相タイプの政治家が作り出されてきた。また西洋で内閣の首班に立つ指導的な大臣が生まれたのは、例外はあるのだが、政党との応対・交渉を担い、自分をかばい責任を取ってくれる個人を、君主が強く求めていたからであると言われる

Great Number Two Leaders in Human History

第6章
インド
東南アジア

史上最強補佐役・宰相・顧問・右腕・番頭・黒幕・参謀

勇士チャンドラグプタを導いて
大帝国マウリヤ朝を築き上げた
古代インドの知謀の大宰相

カウティリヤ

カウティリヤ
Kautilya
（前４世紀～前３世紀）

チャンドラグプタ
Candragupta
(?~296BC)

インドのマキャベリ

政治学の古典にマキャベリの『君主論』という書物がある。多くの方がご存じの通り、政治指導者に権謀術数を勧める書であるが、目的によって手段を正当化し権謀術数を容認する政治信条を示すマキャベリズムの語は、この書の内容の故にその著者の名を元に作られた言葉である。ところでインド古代には、マキャベリの『君主論』以上に権謀術数を推奨する、苛烈な政治論の書があった。その書『実利論（アルタシャーストラ）』の説くところでは、国王たる者はスパイを駆使し、権謀術数の限りを尽くして、権力を確保し、勢力を伸張せねばならないのである。このスパイと謀略のススメとでも評すべき書について、二〇世紀最大の政治学者マックス・ウェーバーは、ラディカルなマキャベリズムという点で、その書『実利論（アルタシャーストラ）』に比べれば、『君主論』などたわいもないと評している。

そしてこの書の著者と伝えられる人物がカウティリヤ、インド古代の知謀の大政治家で、その知略によって、武勇を誇る王チャンドラグプタを補佐し、インド史上最大の巨大帝国マウリヤ朝の建国を助け、王朝の基礎を固めた、インドの国民的英雄である。なお彼を『実利論』の著者とする伝承を真実と見ることは難しいようであるが、しかし『実利論』の中にカウティリヤの政治思想がある程度伝えられているとは、信じてもよいらしい。

ところで、マキャベリズムの書『実利論』の作者と伝説される彼はしばしば、インドのマキャベリ、あるいはマキャベリズムの達人であったドイツ宰相に例えて、インドのビスマルクと呼ばれるそうである。

復讐に燃える謀略家カウティリヤ

カウティリヤは北西インド出身のバラモン（司祭）で、北西インドの街タクシラで教育を受けた。やがて彼は北東インドに強大な勢力を誇る当時のインドの最強国家マガダ国ナンダ朝の宮殿を訪れたが、このとき廷臣の面前で王から侮辱を受けたため、ナンダ朝に対する報復を決意、旅の途中で見出した卑賤ながら優れた資質を持つ少年チャンドラグプタに教育を施したと言われている。やがてチャンドラグプタの武勇とカウティリヤの謀略はナンダ朝を打ち破り、三一七年頃マウリヤ朝が成立した。

宥和政策を掲げた政治家カウティリヤ

謀略家カウティリヤはここで政治家としての建設的才能を発揮、ナンダ朝に仕えた人材に対して大胆な宥和政策を打ち出す。彼はナンダ王に仕えた宰相をなだめすかしてチャンドラグプタに仕えさせ、これによってインド一の強国として能率的な国家組織を発展させていたナンダ朝の人材と組織をマウリヤ朝に吸収することに成功した。結果マウリヤ朝は素早く国家基盤を整備することに成功し、その整備された国家機構の力でたちまち北インドを統一、はるか西方から大征服して西インドにまで侵入してきていたギリシア人を、インド外へと駆逐することにさえ成功した。

チャン・ニャントンを補佐して
モンゴル帝国の侵略を叩き潰したベトナムの英雄

チャン・フンダオ

チャン・フンダオ
Tran Hung Dao
(1232~1300)

No Image

チャン・ニャントン
Tran Nhân Tông
(1257~1308)

勇武の国——陳朝

史上最大の征服国家モンゴル帝国の侵略、すなわち元寇を、二度にわたって退け、征服を断念させた我が日本国民の武勇、上陸する隙を与えずモンゴル兵団を海の藻屑と変えた武士達の勇戦は、歴史の華と言えよう。世界史的に見てもなかなかの偉業とは言える。しかし世界には、モンゴルの侵略を三度にわたって叩きつぶした、日本以上の勇武の国があった。それはベトナム。はるか古代より大国の侵略と勇敢に戦いつづけ、近代においても、英雄的な抵抗と勝利により、その力を見せつけた、東南アジアの勇武の国である。

モンゴルによる世界征服の時代、ベトナムを支配していたのは陳朝であった。陳朝は、第三代皇帝チャン・ニャントン（陳仁宗）が息子に対し、「和が家は本は下流の出、雄武を尊び、太腿に代々龍を刺青する。武勇の家に生まれた印、出自を忘れぬ証なのだ」と語ってきかせたほどの、武勇を誇りとする王家であった。チャン・ニャントンは、下々まで細やかな気遣いを向け、民に慕われた仁愛の名君であったが、その仁愛の王までがこのように語る辺りに、この王朝の武勇のほどが伺えよう。モンゴルの侵略の手が、初めてこの陳朝におよんだのは一二五七年のこと。中国で作戦を展開していたモンゴル軍がベトナムに軍の通過を認めるように要求、モンゴルのベトナムへの野心を感じていた陳朝がこれを拒否して、モンゴルの侵攻となったのである。この時モンゴルはベトナム征服までのつもりはなく、気候の暑さと補給困難に負けてあっさりと撤退したのだが、ここで陳朝はモンゴル軍を追撃、大打撃を与える。この武勲を挙げたのは王族のチャン・クォックトアン（陳国峻）、一般にチャン・

フンダオ（陳興道）の名で知られる武将であった。チャン・フンダオ（陳興道）の名は彼が興道王であったことによる。

モンゴル軍撃退

やがてモンゴルは本気でベトナム征服に乗り出してくる。一二七六年モンゴルから服従が要求され、ベトナムは危機に陥った。やがて一二八三年、皇帝チャン・ニャントンはチャン・フンダオを国公に任じ、陳朝全軍の総指揮官としてモンゴル侵入に備えさせた。

一二八五年にはついにモンゴル軍が来襲、圧倒的なモンゴル軍の力の前に首都は陥落、部将にもモンゴルに降る者が相次いだ。この情勢下、皇帝チャン・ニャントンは弱気になり、国民に不幸をもたらすくらいなら降伏しようと言い出したが、側に控えるチャン・フンダオは「まず臣の首を断ちしかる後に降られよ」と皇帝を諫め、戦いを続けさせた。チャン・フンダオは清野策（焦土作戦）を実行、住民達は食料を隠して逃亡し、モンゴル軍は補給に苦しむようになった。ベトナム軍はジャングルと山岳地帯に待避して、ゲリラ戦でモンゴル軍を悩ませた。かくしてモンゴル軍は弱り、反撃の時は訪れた。各地でベトナム軍は陸海に激戦を展開し、首都を奪回した。モンゴル軍は五〇万の軍勢の半数以上の損害を出し敗走した。

大敗にもかかわらずモンゴルは征服を諦めなかった。もちろんベトナムも警戒を緩めず、皇帝はチャン・フンダオに命じて兵員、兵器、軍船を整えた。そして一二八七年、モンゴルは三〇万の軍勢で三度目のベトナム侵攻を開始する。過去補給に苦しんだ教訓から、大輸送船団が編成されていた。

ベトナムは今度も首都を落とされた。だがベトナム軍は伏兵でモンゴルの補給に大打撃を与える。ベトナム水軍はモンゴル水軍をやり過ごした後、輸送船団を襲撃、物資を奪い三〇〇隻の船を焼いた。住民はかつてと同じく食料を隠して逃亡しており、モンゴル軍は周到な準備も空しくまたも補給の危機に陥った。

ここでモンゴル軍は素早く決断、陸海二路から撤退を開始した。これに対しチャン・フンダオは決戦に乗り出す。彼は別働隊を国境地帯へ送って陸上の退路を断つとともに、自らはバクダン・ザン（白藤江）を下るモンゴル水軍に向かう。彼は、敵を全滅させねば首都には帰らぬと全軍に向かって決意を告げた。

チャン・フンダオは干潮の間にバクダン・ザンの底に杭を立てた。やがてモンゴル水軍が至ると、満潮時を見計らい、小艦艇群にこれを襲撃させる。モンゴル水軍が反撃すると小艦艇群は素早く逃げ出し、モンゴル水軍をおびき寄せ、すると潮が引き始めてモンゴル船は杭に引っかかった。身動きのできなくなったモンゴル水軍に対し、ベトナム軍は両岸から決死の思いで攻撃、モンゴル軍を大いに破った。モンゴル船一〇〇隻が沈み、四〇〇隻が捕獲された。別働隊も陸路を行くモンゴル軍を撃破した。

忠誠無私の政治家チャン・フンダオ

陳朝は王室の血を引く貴族に支配される貴族制を脱し、律令国家すなわち官僚によって運営される中央集権国家を実現したのだが、チャン・フンダオはこの過程で重要な役割を果たした。

チャン・フンダオは元々は中央政府に含むところのある野心溢れる大貴族であった。皇帝に敵意を抱いていた彼の父は息子に英才教育を施し、死の床で、才知と学識溢れる男となった息子に「汝が我がために天下を取ってくれねば、我が死後地下で安眠することはない」と言い残した。息子はこの言葉を長く心にとどめていた。やがて国難に当たり、軍権を一手に握った際、彼は忠実な二人の召使いに父の言葉について語った。ところが召使い達は、「そのお考えは一時の富貴と引き替えに、歴史に汚名を残すのみ。既に富貴な王にその必要があるでしょうか。自分たちはこのまま召使いとして死ぬことを望み、不忠の高官となることを望みません。馬鹿げたことはおやめください」と諫めた。チャン・フンダオはこの言葉に感涙し心を入れ替えた。以後、彼は圧倒的な武勲と名声にもかかわらず、謙虚で忠実な補佐役に徹し、第三代皇帝チャン・ニャントンと第四代皇帝チャン・アイントン（陳英宗）の治世を支えた。彼の忠義は、皇帝への忠誠心が薄い発言をした次男に、自分が死ぬまで面会を許さなかったほどである。彼は絶大な武勲により、君主でない身で自由に臣下に爵位を授けることができるという特権を認められたが、その特権を一度たりとも行使しなかった。また彼は有能な門客を多数抱えていたが、その門客達は官僚として、陳朝の貴族制からの脱却に大きく貢献した。チャン・フンダオは大貴族でありながら、自分と自分の家の権威を率先して抑制し、官僚となる人材を育成して、陳朝の貴族制からの脱却を導いたと評価できる。

このように忠義の心厚いチャン・フンダオに対しては、主君の信任も厚かった。退位し、上皇となっていた第二代皇帝チャン・タイントン（陳聖宗）は、チャン・フンダオを「尚父」すなわち父として尊ぶべき人と称えた。また第四代皇帝チャン・アイントンはチャン・フンダオの死の直前、自らチャン・フンダオの邸宅の病床を訪れ、モンゴルの脅威へ対抗するための国策を尋ねている。

ラージャパトニ女王の宰相として
マジャパヒト朝の最盛期を築いた
インドネシアの国民的英雄

ガジャ・マダ

ガジャ・マダ
Gajah Mada
(~1364)

ラージャパトニ女王
Gayatri Rajapatni
(1276~1360)

インドネシアの国民的英雄ガジャ・マダ

独立戦争時に臨時首都ともなったインドネシアの重要都市ジョクジャカルタに、ガジャマダ大学という国立総合大学がある。この大学はジョクジャカルタが首都であった一九四九年に創設され、新興の共和国インドネシアのシンボルとして尊崇された名門、インドネシア大学と並んで同国を代表する大学である。アメリカや日本から研究留学で訪れる者も多い。

さてこの大学の名前であるが、実はインドネシアの国民的英雄に由来している。ガジャ・マダとは一四世紀のインドネシアに栄えたマジャパヒト朝の大宰相で、第三代ラージャパトニ女王、第四代ハヤム・ウルク王の下で三四年に亘って宰相を務め、超人的な働きで、同国の最盛期を築いた名補佐役。彼の時代にインドネシアを構成する島々の大半が、マジャパヒト朝の支配下に入った。

波乱の前半生

庶民の家に生まれ、マジャパヒト朝の第二代ジャヤナガラ王の時代に軍人として頭角を現し、親衛隊長となったガジャ・マダは、一三一九年の反乱鎮圧で大功を立て、これをきっかけに有力政治家となった。しかし彼は一三二八年、ジャヤナガラ王に妻を奪われたことが原因で、ジャヤナガラ王を殺害することになる。といっても彼は自ら手を汚したわけではなく、王の死についても罪を負うことはなかった。彼は宮廷医師に王の殺害を指示し、それが成功すると、罪を宮廷医師に負わせて、これを処刑してしまったのだ。

この後、王女のラージャパトニが第三代国王として即位し、この女王の下でガジャ・マダは一三三一年、宰相となり、五人の閣僚の筆頭に立った。

野望の宰相ガジャ・マダ

ガジャ・マダは宰相就任演説で、インドネシア海域全てを支配下に治めるまでパラパを受け取らないと言う誓いを立てる。パラパとは休暇とも領地からの収入であるとも言うが、それが何であるにせよ、彼はインドネシア全域征服に全力で取り組むという巨大な野望を公言した。

ガジャ・マダの壮大な野心は閣僚達の嘲りを受けたのだが、彼は女王に支持されて、次々と各地に征服の軍を送り、活発な武力征服は、女王の後を継いだハヤム・ウルク王の治世初期一三五一年まで続く。結果、ガジャ・マダは本当にマジャパヒト朝をインドネシア海域全体の支配者へと押し上げてしまった。

ところでガジャ・マダは対外政策のみならず、内政においても、絶大な力を持っており、裁判や、徴税、公共事業にも手腕を発揮した。一三六四年にガジャ・マダが死んだ後、ハヤム・ウルクが、ガジャ・マダが一人で担っていた仕事を担当する大臣を任命したところ、四人の大臣を必要としたと言われる。

なおガジャ・マダは不審な死を遂げたため、彼の力を恐れるハヤム・ウルクによって毒殺されたのだとする説が存在している。

レ・ロイの政治顧問として
中国明朝の侵略と圧制を打ち破った
ベトナムの国民詩人

グエン・チャイ

グエン・チャイ
Ngyyen Trai
(1380~1442)

レ・ロイ
黎利
(1385~1433)

ベトナムの国民詩人にして対中抵抗の英雄

ベトナムにグエン・チャイという国民的な詩人がいる。彼は俗語として卑しめられていたベトナム民族文字チュノムをいち早く用いて作品を作った、国民文学のパイオニアであった。彼は詩人、歴史家、地理学者、音楽家と多様な才を兼ねる芸術家であったが、政治軍事でも業績を残した。ベトナムは古くは中国、現代ではフランスやアメリカといった強大な侵略者を相手に勇敢な抵抗戦争を繰返した国であり、偉大な抵抗の英雄を数多生み出しているのだが、この文学者もそれら英雄の一人であった。彼はベトナムが中国の明王朝の征服を受けたとき、統率力と洞察力に優れた反乱戦指導者レ・ロイを助けて明を打倒した。

明の圧政打倒に燃える軍師グエン・チャイ

一四〇七年、ベトナムは明により征服された。この時グエン・チャイと父グエン・ウン・ロンは官吏であったが、父は捕虜として中国に送られ、国境で見送る息子に対し、父を慕って泣き悲しむことを止め、帰って国のために恥をすすぎ、父の侮辱を報復せよ、との言葉を残した。この後グエン・チャイは明軍によって逮捕・監禁され、解放後は極貧状態で各地を放浪、明の支配に苦しむ民衆の姿を目の当たりにする。

明の支配は過酷であった。中国風の宗教、教育、衣服が強要され、女子のお歯黒や男子の刺青といったベトナムの風俗は禁止された。ベトナム人はビンロウ樹の実を清涼剤として噛む習慣があるが、明はこれをも禁止した。職人・知識人は中国に連行され、書物は中国へと奪い去るか焼却された。

この圧制下の一四一六年、富豪レ・ロイは同志と明打倒の血盟の誓いを交わしたが、グエン・チャイも血盟を交わした同志の一人であった。城ではなしに心を攻め、巧みな交渉で敵を誘導し、よく時を見定める。軍略の秘訣についてそう語る知略家の彼は、レ・ロイの参謀・政治顧問としてその戦いを導いた。一四一八年に挙兵したレ・ロイは一四二七年末に明軍を駆逐し、一四二八年、新王朝レ朝を興した。

政治家グエン・チャイ

レ朝創設後グエン・チャイは宰相となって政治中枢を掌握、法律や官制を整備した。やがてレ・ロイは建国の功臣を相次いで粛正するようになり、グエン・チャイも殺されはしないものの一時投獄され、失脚してしまった。しかしその後レ・ロイは引退に際して、グエン・チャイを第二代レ・タイ・トンの養育係に任命、新王の下でもグエン・チャイはその手腕を振るった。とはいえ宮廷闘争に敗北して一時隠遁に追い込まれるなど、新王の下での生活はあまり平穏とはいえないものであった。

やがて一四四二年、閲兵を行った帰路にグエン・チャイの別邸に立ち寄ったレ・タイ・トンが、その果樹園でグエン・チャイの内縁の妻の歓待を受ける内に謎の突然死を遂げた。そのためグエン・チャイは国王殺害の罪人とされ、彼自身と内縁の妻、一族の者を合わせて、三〇〇人以上が斬首されてしまったが、第四代国王レ・タイン・トンの時代にこれを冤罪としてグエン・チャイの名誉が回復された。

南インドのバフマニー王国で
四代の国王に仕えて
繁栄の時代を築いた外国人名宰相

マフムード・ガーワーン

マフムード・ガーワーン
Mahmud Gawan
(1410?~1481)

バフマニー朝とその人事政策

一四世紀半ばから一六世紀初め頃にかけて、インド南部のデカン地方にバフマニー王国という国が栄えていた。これはインドの広大な領域を支配したイスラム国家トゥグルク朝の混乱に乗じて、同国に仕えるイラン人武将が独立建国したイスラム国家である。そのためこの国は、その廷臣の人事につき特異な政策を採用していた。バフマニー諸王はイラン出身の有能な人材を積極的に招き入れて官職に就け、同国の貴族層に組み入れていったのである。デカン地方出身でイスラム教に改宗した貴族デカニーに対し、彼らはパルデーシー（外国人）と呼ばれる、新貴族層を形成していた。そしてそのような外国人の一人がマフムード・ガーワーン、バフマニー王国の最盛期を築き上げた名補佐役である。

四代の国王を支えた名補佐役

マフムード・ガーワーンは元々はイラン生まれの貿易商であった。彼はバフマニー王国のスルタン（国王）アラーウッディーン・アフマド（在位一四三六〜五八）に招かれて同国に仕えることになり、王に気に入られて「マリク・トゥッジャール（商人の長）」の称号を与えられた。

マフムード・ガーワーンは、次代の王フマーユーン（在位一四五八〜六一）の治世からは行政の中心となり、それに続くニザームウッディーン・アフマド三世（在位一四六一〜六三）、ムハンマド・シャー三世（在位一四六三〜八二）の下でも引き続きバフマニー王国の政策を主導した。マフムード・ガーワーンはムハンマド・シャー三世の下では二〇年近くに渡ってペーシュワー（宰相）の地位を占めていた。

マフムード・ガーワーンの政策は外交面でも内政面でも積極的であった。彼の軍事的成功によりバフマニー王国は同国史上最大の領土を獲得したが、とりわけインド亜大陸西海岸地域の征服は大きな成果で、これによってイラン、イラクなどとの海外貿易が拡大、バフマニー王国内の商業流通や手工業もそれとともに発展していった。内政面では彼は多くの改革を行い、中央集権化の度合いにおいてもこの時代はバフマニー王国史上最高であった。この他、マフムード・ガーワーンが文化学術の保護に熱心であり、マドラサ(学院)を築き教師や学生の生活を支援し、外国の著名な学者を招くなどした。

マフムード・ガーワーンの最期

マフムード・ガーワーンは一四八一年、国王によって処刑された。バフマニー王国内では、外国に乗り込んでくるだけあって冒険心に富み、それ故多大な成功を収めることが多い外来の新貴族に対し、土着の旧貴族が嫉妬の炎を燃やしていた。そのため新旧貴族がとかく対立し、マフムード・ガーワーンも対立を抑えようと、非常に苦労していた。しかし土着貴族からすればマフムード・ガーワーンこそ成功する新貴族の筆頭。彼に対する憎しみは深く、土着貴族は国王の耳に彼のことを悪し様に吹き込み続けた。その結果の処刑であるが、以後大黒柱を失った王国は混乱、低迷、まもなく分裂により崩壊することになる。

チュラロンコーン大王の
チャクリ改革を支え
タイの植民地化阻止に大きな貢献をした
王族政治家

ダムロン

ダムロン・ラーチャーヌパープ
Damrong Rajanubhab
(1862~1943)

ラーマ五世
Chulalongkorn
(1853~1910)

チュラロンコーン大王のチャクリ改革

いち早く近代化を成し遂げた西洋白人諸国に、世界の大半が隷属させられるに至った一九世紀から二〇世紀にかけての帝国主義絶頂期、日本は、名君明治《めいじ》大帝の下、大久保利通《おおくぼとしみち》や伊藤博文《いとうひろぶみ》といった開明政治家を擁して近代化を達成、よく独立を守り、西洋諸国に抵抗することを得た。これは世界にもまれな誇るべき偉業であるが、これに類する成功を収めた国が、他に全く無いわけではない。例えば不世出の英雄アタチュルクに率いられ、西洋諸国の侵略を退け、近代化を断行したトルコがそれである。そしてまた東南アジアにおいては、タイ国が内外に巧妙な政策を展開して西洋諸国への隷属を回避した。

一九世紀後半に即位したタイ国王ラーマ五世、チュラロンコーン大王と呼ばれてタイ人の敬愛を受ける国王は、若き日には西洋留学を経験し、西洋近代文明や西洋諸国の実情に深く通じていた。彼は優れた統率力でチャクリ改革と呼ばれる近代化政策を推進、それとともに巧妙な外交を展開して西洋諸国の外圧をよく防いだ。結果、タイは東南アジアで唯一独立を保つことができた。

ところでチャクリ改革は、王族達の助けを受けつつ推進されたが、その中に、ひときわ優れた能力で改革の中核的役割を果たした名補佐役がいた。それは内務大臣のダムロン親王、チュラロンコーンの弟である。

内相ダムロンとタイの中央集権化

ダムロンは内相就任以前、国民教育制度の創設に取り組んでおり、一八九二年にタイ史上初の内閣が組織された際も、元々は教育大臣の候補に挙げられていた。しかしその卓越した能力を見込んで、チュラロンコーンはこの時ダムロンを、官僚機構の中心となる内務大臣に任命することにした。

内相ダムロンは、地方自治体を放任する従来の分権的な行政制度を改革し、中央集権制へと移行させる。これには地方の反発も強く、反乱さえも発生したが、ダムロンは断固とした対応で改革を着実に推し進めた。タイの地方は、中央派遣の知事と近代教育を受けた官吏によって統治されるようになり、その下で、近代的な法制と教育が地方にも導入されていった。結果、タイの領土は強固にまとめ上げられたが、西洋諸国が東南アジアに領土を広げる情勢下、タイが領土を保全できたのは、この改革のおかげだと言われている。補足すると、ダムロンは地方の実情を全く無視して改革を無理に押し通したわけではない。この間、彼はしばしば地方視察を行い、地方の実情の理解に努めていた。ところでダムロンを厚く信頼するチュラロンコーンは内政以外の政策課題についても、しばしばダムロンの意見を採用した。そのためダムロンはタイの政治全般の進路決定に非常に大きな影響を与えた。

学者ダムロン

ダムロンは政治家として活躍する一方、多忙の合間に学者としても多大な成果を上げた。著した書籍や論文は千を超え、彼の研究はタイの近代史学の礎となり、彼はタイ歴史学の父と呼ばれている。

インド独立の指導者ガンジーと
パキスタン独立の指導者ジンナーを
支えた名補佐役達

パテール

ヴァッラバーイ・パテール
Vallabhbhai Jhaverbhai Patel
(1875~1950)

マハトマ・カラムチャンド・ガンディー
Mohandas Karamchand Gandhi
(1869~1948)

ガンディーとジンナー――インド亜大陸独立の両雄

イギリスの植民地とされたインド亜大陸は、一九四七年独立を勝ち取るが、ヒンズー教徒とイスラム教徒間の溝が埋められず、インドとパキスタンに分離独立することになった。

これら両国のうちインドでは、「マハートマー（偉大な魂）」の尊称で知られるガンディーが「ラーシュトラ・ピター（国の父）」「バープー（父）」と呼ばれて敬愛されている。ガンディーはインド最古の政党、インド国民会議派を率いて様々な階級、様々な階層の人々を、一般大衆をも含めて漏らさず反英運動に結集、それまで限られた階級のみを支持基盤にしていた国民会議派を最大最強の大衆的民族運動組織へと成長させ、未曾有の規模で独立運動を盛り上げた。彼は少数派を構成する進歩派グループと多数派を構成する保守派グループを国民会議派の組織内に巧みに統合し、さらに民族資本の主流派の支持を引き寄せ、見事に独立闘争を戦い抜いた。

他方パキスタンではジンナーが「カーイデ・アザム（偉大なる指導者）」「建国の父」として敬愛されている。イスラム教徒独自の利益の擁護のためにしだいにガンディーの勢力と対抗するに至った彼は、自らの率いる政党、全インド・イスラム連盟の勢力を拡大、それまでイスラム大衆に支持されることの無かった連盟を、学生・農民を含む広範な層を含む大衆的政党へと飛躍させた。これによって全インド・ムスリム連盟は、支配者イギリスとの交渉において、最大勢力の国民会議派と同等の地位に立てるようになり、インドのイスラム教徒はヒンズー支配から分離して、パキスタンとして独立することが可能となった。

ガンディーの右腕「指導者」パテール

ガンディーには右腕となって働く優れた補佐役がいた。ガンディーと同じくインド西部グジャラート出身のその男パテールは、一九一八年以降ガンディーの反英民族運動の支持者となってガンディーの右腕として働いた。この時ガンディーはインド人労働者のために独特の非暴力抵抗運動を展開していたのであるが、パテールはガンディーの掲げる非暴力主義には全面的には賛同できなかったものの、それがインドの反英民族主義運動の広がりを促進している点を高く評価した。彼は反英運動として有益である限りにおいてガンディーの非暴力民族主義運動を支援することを決め、政治運動の世界に身を投じることになった。これまでパテールは、イギリス風の服装に身を包み、洒落たクラブでブリッジの腕前を誇る、西洋かぶれの裕福な法律家であったが、ガンディーの民族主義運動に加わるようになって以後、それまでのような生き方はきっぱりと改め、クラブ通いを止め、インドの農民の衣服を身にまとい、インドの作法で食事をするようになったという。

パテールの名を一躍高めることになったのは、一九二八年のバールドーリの街における地租引き上げ政策に対する戦いであった。彼はここで優れた指導力を発揮し、地主達に抵抗運動を起こさせることに成功した。この活躍により彼は「サルダール（指導者）」の尊称を奉られ、民族主義運動指導者としてインド全域から評価を受けるようになった。そしてイギリスも冷徹で実務能力と決断力に長けたこの男を危険な敵と認識するようになった。

パテールは裕福な生まれの保守主義者であり、現実的な人物であった。彼はガンジーの非暴力主義を非現実的と認識しており、理念の上では暴力の使用も排斥していない。しかし彼はまた、暴力を積極的に容認する社会主義的な急進派とは明確に一線を画す立場であり、実際上の立場としては、イギリスに対する闘争で暴力の使用を禁止していた。また彼は理想的な急進派とは異なり、過激な社会変革によってインドの社会構造や経済構造の不平等を是正することを志してはいなかった。そのため彼は、インド民族資本から強く信頼されることになり、彼と民族資本の強い繋がりは、ガンディー率いるインド国民会議派に民族資本を引き付けておく上で非常に有益であった。なお現実主義者である彼の手腕は、国民会議派の中央と地方を結びつける組織体系の確立に際して、存分に発揮されることとなった。

独立インドでは国民会議派の急進派であったネルーが初代首相となり、パテールはその下で副首相兼内相を務めた。彼は現実的政治家としてネルーをよく補佐、新生インドの政治体制づくりに多大な貢献を為したが、彼の最大の功績の一つに数えられるのが、藩王国統合の断行である。独立期、インドには半独立の王侯が支配する藩王国が各地に存在、これを国家に統合できるか否かが、重要な国家的課題となっていたのだが、この情勢下、パテールは警察・軍隊の導入も辞さない断固たる態度で併合を推し進め、藩王国を新生インドに統合してしまうことに、見事成功したのである。

パテールは、一九世紀のドイツ統一に多大な貢献を為した名宰相ビスマルクに例えて、「インドのビスマルク」と呼ばれることがある。

リアカット・アリ・ハーン
Liaqat Ali Khan
(1895~1951)

ムハンマド・アリー・ジンナー
Muhammad Ali Jinnah
(1876~1948)

ジンナーの右腕「ムスリム同胞の指導者」アリー・ハーン

パキスタン建国の父ジンナーも良き補佐役に恵まれた。ジンナーを助けて「ジンナーの右腕」と評される補佐役の名はアリー・ハーン、彼は「カーイデ・ミッラト（ムスリム同胞の指導者）」の尊称を捧げられることになる、優れた政治家であった。

アリー・ハーンは富裕な地主の家に生まれ、イギリスに留学して弁護士となったが、インドに戻るとすぐに政界に身を投じることになった。彼は弁護士資格をとった翌年の一九二三年にはイスラム政党、全インド・ムスリム連盟に加盟している。彼はムスリム連盟に加盟すると、間もなくジンナーと親しい関係を持つようになった。ちなみにこの頃、ジンナーは政治の第一線における活動から身を引き、ムスリム連盟を自己の理念を広報するための場として利用するのみであった。

やがて一九三〇年代半ばにジンナーが政治の第一線に復帰し、イスラム教徒のヒンズー教徒からの分離独立、すなわちパキスタン建国を目指して精力的に活動するようになると、アリー・ハーンはその右腕として大活躍した。アリー・ハーンは三六〜四七年にかけてムスリム連盟の書記長であり、彼のパキスタン建国に果たした役割によって、彼は自然とイスラム教徒の敬意と賞賛を受けるようになり、ジンナーが独立パキスタンを統治する総督の地位に就任した際、その下でアリー・ハーンが首相となることは誰の目にも明らかなことであった。

インドネシア独立の指導者
「民族の誇り」スカルノを支え
スカルノ逮捕の危機に対処するなどした補佐役

サルトノ

サルトノ
Sartono
(1900~68)

スカルノ
Sukarno
(1901~1970)

インドネシア独立の英雄スカルノ

オランダの植民地支配を受けるインドネシアの独立ため、投獄や流刑を乗り越えて戦い、インドネシア共和国の初代大統領となったインドネシア民族主義運動の闘士スカルノ。民心の掌握に長け、人民の代弁者を自任する彼は、誕生期のインドネシアにおいて民族の統一と団結の象徴であった。彼は晩年、陸軍の攻撃を受けて政治的に失墜したものの、民衆はスカルノに対する敬愛を保ち続け、一九七〇年の彼の死後、数十年が経過しても、民衆は彼を「民族の誇り」として思慕し続けていた。

サルトノ――スカルノ逮捕の危機に立ち向かった補佐役

ところでこのインドネシア独立の英雄スカルノには、独立運動をともに戦った一人の大物補佐役がいた。その補佐役サルトノは青年期オランダに留学して法学を学び、一九二六年ライデン大学を卒業したが、オランダ時代に既に民族主義運動に参加、オランダにいるインドネシア人留学生の親睦団体を前身とする反植民地主義団体インドネシア協会で書記を務めていた。それが帰国後はインドネシアで独立運動を行っていたスカルノと行動をともにし、一九二七年、スカルノを党首とする民族主義政党インドネシア国民党の結成に参加した。インドネシア国民党はインドネシア人の間にムルデカ（独立）のスローガンを浸透させていった。

その後オランダはインドネシア国民党を弾圧、一九二九年末にスカルノ以下三名のインドネシア国民党指導者を逮捕する。インドネシア国民党が反乱を扇動したというのがオランダの言い分であり、スカルノらの裁判では、インドネシア国民党とかつて武装蜂起を行い、非合法化されたインドネシア共産党との組織的つながりが追求された。さてこの危機にあって、逮捕を免れたインドネシア国民党の指導者達はサルトノの指導下に緊急党大会を開催、サルトノはここで共産党の後身との疑いをかけられている国民党を解党し、他の指導者や党員にまで弾圧の手が伸びるのを防ぐことを主張した。少数派による反対があったものの、インドネシア国民党は解党を評決し、新たにインドネシア党が結成されることになった。少数派はこれとは別の道を行き、インドネシア国民教育協会を結成した。

やがて投獄されていたスカルノが一九三一年末に釈放されると、サルトノはスカルノをインドネシア党党首として迎え入れ、自らはナンバー2の立場を堅持した。

その後のサルトノ

一九四五年にスカルノが独立宣言を読み上げてインドネシアの独立を達成、スカルノを初代大統領とするインドネシア共和国が誕生したが、サルトノはこの新共和国で有力政治家として活躍した。彼はインドネシア国民党の名を使って結成した新政党を率いるかたわら、国務大臣、国民協議会議長等を歴任して、実務的手腕を発揮した。

ベトナム独立運動指導者ホー・チ・ミンの
補佐役としてフランスの植民地支配を
叩き潰した戦略家

ボー・グエン・ザップ

ボー・グエン・ザップ
Vo Nguyen Giap
(1912~2013)

ホー・チ・ミン
Ho Chí Minh
(1890~1969)

ディエン・ビエン・フー

一九四六年末よりベトナム、ラオス、カンボジアの独立運動を圧殺しようとインドシナ戦争に突入していたフランスは、一九五三年、ベトナム西北ジャングル内の交通の要衝ディエン・ビエン・フーを占領した。同地を強力な作戦基地に変え、無防備なラオス方面へと進攻を繰り返すベトナム西北山地帯のベトナム人民軍の側面を脅かし、ラオスを防衛する目的である。これは一面では、ベトナム人民軍のラオス攻撃に釣り出され、航空機輸送によってのみ辛うじて支えられる補給困難な内陸奥地に基地を設けてしまった形であるが、しかしただ情勢に消極的に対応しただけの策ではなかった。フランスはこの時、ベトナムゲリラへの対応を目的として各地に散在していた陣地から兵力をかき集め、攻撃力に富む機動部隊を創出、これによってベトナム人民軍を叩きつぶすというナバール計画を構想していたのだが、この計画において、ディエン・ビエン・フー要塞は西北山地帯とトンキン・デルタのベトナム人民軍を分断し、時が至れば機動部隊とともにデルタ地帯で大攻勢をかけるという重要な機能を担っていたのである。

しかしナバール計画は失敗する。ベトナム人民軍は、フランスの攻撃計画の前に自己防衛に走り、戦いの主導権を手放すようなことはなかった。ベトナム人民軍はディエン・ビエン・フーを包囲するとともに、各地でフランス軍の弱みを狙い、見事な攻撃で多くのフランス部隊を殲滅する。ラオス攻撃も止むことはなかった。これに対応してフランス軍の機動部隊は各所に分散していき、その威力を失った。今やディエン・ビエン・フーはフランス軍集結の最大拠点となり、最重要の戦場となった。

そして一九五四年三月一三日、この最重要地点にベトナム人民軍は大攻撃を敢行する。

ディエン・ビエン・フーは、フランスのみならずベトナム人民軍にとっても輸送困難な地であった。だがベトナム人民軍は、ベトナム人民の英雄的な支援を受けて戦闘準備を整えた。ベトナム農民は、背に大砲を負って、山々をジャングルを川を乗り越えた。自転車が砲弾や米を運んだ。人々は爆撃から素早く身を隠し、爆撃で開いた道の穴をただちに埋め、止まることなく前進を続けた。夜間には人々の手にする松明が光の筋を描いた。こうして整えた準備の上に、ベトナム人民軍の大攻撃が開始する。ベトナム人民軍は、強力な防空網でフランス軍爆撃機を迎え撃ち、来る日も来る日も塹壕を掘って要塞への距離を詰め、犠牲と困難に満ちた五五日間の戦闘の後、五月七日ディエン・ビエン・フーを陥落させた。

この勝利は戦争の行方を決定づけ、同年七月ジュネーブ協定でフランスのインドシナ植民地支配は終了、ベトナムはフランスからの独立を達成した。

インテリ趣味の男ボー・グエン・ザップ

ディエン・ビエン・フーの勝利を導いたベトナム軍司令官の名はボー・グエン・ザップと言う。植民地人を率いて強国フランスの軍を叩きつぶし、「赤いナポレオン」「天才戦略家」と呼ばれた軍人は、意外にも、元々は全く戦いの人でなかった。ザップは歴史と地理、物理学を好み、詩に熱中する教養溢れる少年であった。彼は歴史と地理の私学講師をしながら生計を立てる、経済問題に精通した法学士であった。若きザップは兵士や軍人を志望したことなどない真面目なインテリであった。この間ザップは抗仏政治運動に手を染めて、一四歳にして治安当局の警戒を受け、一九歳で政治犯として投獄され、一九四〇年、二八歳で中国に亡命して地下活動に入ったのだが、それでもインテリとしての本質は変わっていない。例えば一九四五年頃のザップについて、革命家でありながら、革命家達との付き合いより、背広とネクタイで身を固め、学者や教師時代の仲間と交際することを好んだことが知られている。戦略家として名を成した後も彼は、高級車を乗り回し、暇を見つけてはピアノに向かい、パリから取り寄せた楽譜でベートーベンを演奏する、ブルジョワ趣味のインテリ生活を送り、ベトナム語に加えて中英仏露の五カ国語の書籍に囲まれて過ごしていた。書籍が歴史書のみならず、戦略書を含むところに、多少の軍人臭がある程度であろうか。

そのインテリのザップが軍事に目を向けることになったのは、一九四〇年中国でベトナム独立運動家ホー・チ・ミンと出会った故である。ザップはホーを師として信服し、ホーはザップの教養と知力に引きつけられた。ホーはこの忠実かつ賢明な弟子に、会うたびに軍事を勉強するように勧めた。その後ザップはしだいに軍事的な才能を開花させていった。ザップは一九四一年にベトナムに舞い戻り、以後山地帯の部族の間を歩き回り、ゲリラを養成していった。一九四四年には人民軍の前身、ベトナム解放武装宣伝隊を組織して隊長となった。そしてやがてはディエン・ビエン・フーの勝利を導くのである。

政治家ボー・グエン・ザップ

ところで独立指導者ホー・チ・ミンは政治家にあらざる軍人を根のない樹に喩え、有害無益と断じたが、その弟子ボー・グエン・ザップも単純な軍人ではない。ザップはベトナムの政治的重鎮でもあった。

とりわけベトナム独立達成に至る時期においては、彼はホー・チ・ミンに次ぐベトナムのナンバー2政治家であった。ザップは一九四五年ホー・チ・ミン率いる民族統一戦線ベトミン（ベトナム独立同盟）がベトナム独立を宣言すると、内相、翌四六年には国防相に就任し、そこからの地位変動にかかわらず警察と軍を掌握し続けた。またザップは国内外の諸勢力に対するスポークスマン、交渉役として教養と話術を活かして活躍し、ベトミンナンバー2としてフランスとの会談の主席代表を務めたことさえある。それどころかホー・チ・ミンがフランスとの交渉のためベトナムを長期に亘って離れた際は、ザップの友人フィン・チュック・カーンを政府主席代行に据え、実質的にはその陰にいるザップに全権が委ねられていた。

雪をいただく火山

ボー・グエン・ザップの人柄についても触れておこう。友人達は彼のことを「雪をいただく火山」と渾名した。ザップが一徹な熱血漢でありながら、必要に応じて完全に自律できる男だったからである。

例えばザップは中国亡命の間に妻をフランスに殺され、フランスを強く憎んでいたが、後の会談では、昔を語りつつも憎悪を抑え、誠実にフランス人の手を握った。その上フランス代表メスメルが、パラシュートでベトナムに降下してベトミンに逮捕された経験を語り、お互い様で憎しみを捨てようと笑顔で主張するのに対し、ザップはいらだち、コップを掴んだ手を怒りで振るわせながらも、うなずいて見せたのである。

【コラム⑥】古典から学ぶ補佐役の選び方

帝王学の古典は、補佐役を使うトップのあり方や補佐役の望ましい資質について好んで論じる傾向にあるのだが、しかし実際上それより重要な、補佐役の見いだし方について、目配りした古典も存在しないことはない。ここではそのような古典の教える補佐役の探し方を見てみよう。インド古代の『君主論』とでも呼ぶべき古典『実利論』は大臣の望ましい資質を列挙し、それら資質のうち四分の三以上を備えていれば、上位の人材、半分以上を備えていれば、中位の人材と位置づけているが、それに続けてこう記す。

「それらのうち、自国民であること、生まれのよさ、容易に善導され得ることは、信頼のおける人を通じて調査すべきである。技能と、見識があることとは、同学の人々を通じて調査すべきである。智慧、堅忍不抜なること、〔仕事に〕巧みであることは、彼の仕事ぶりにおいて調査すべきである。雄弁さ、大胆さ、才知のあることとは、会話に際し調査すべきである。気力と権力と、苦悩に耐えることとは、災禍に際し調査すべきである。廉潔さと、友情と、強固な忠誠心を持つこととは、〔他人との〕交際から調査すべきである。徳性と体力と健康と勇気をそなえていることと、頑固でも軽率でもないこととは、彼と共に住んでいる人々から調査すべきである。愛すべき人柄と、敵を作らぬ人柄とは、直接知によって（王自身の観察を通じて）調査すべきである」

（カウティリヤ『実利論』上村勝彦訳、岩波文庫、四二―四三頁）

Great Number Two Leaders in Human History

第7章 中国

史上最強補佐役・宰相・顧問・右腕・番頭・黒幕・参謀

殷の湯王《とうおう》・周の武王《ぶおう》・斉の桓公《かんこう》を補佐した
中国史の最初期を彩る名宰相たち

伊尹《いいん》&周公《しゅうこう》&管仲《かんちゅう》

伊尹
（前 17 世紀頃）

湯王

中国最初の名宰相――伊尹

中国史には名君と名宰相のコンビが多数登場するが、神話が歴史に変わる境界線で既にその手の人物類型は見ることができる。当時の覇権国家である夏の桀王《けつおう》を討ち、新たな覇権国家殷《いん》の開祖となった湯王と宰相伊尹の二人である。伊尹は言うなれば中国史上最初の名宰相であった。

伊尹は卑しい生まれであった。彼は有莘《ゆうしん》国に半奴隷的な料理人として仕え、王女が殷に嫁ぐ際、嫁入り道具のような扱いで殷へと移った。彼は俎板や料理を煮るための鼎を背負って王女に付き従った。伊尹は料理の腕によって湯王の気を引き、湯と語らって王道を説き、殷の最高官に取り立てられた。

ところがやがて伊尹は殷を去る。湯の不興を買い、矢を射かけられ、命からがら逃亡したという形だが、それは芝居で実は諜報のために送り込まれたのだ。伊尹は夏の宮中の不和を利用する。この頃桀王は妹喜《ばっき》という寵姫から愛を他へと移したが、これにつけ込み、伊尹は妹喜から情報を引き出した。妹喜は男装して武器を身につけた伝承さえある女。ひょっとすると中国史でよくある女将軍かもしれない。そんな女丈夫を蔑ろにした報いは大きく、伊尹が妹喜から得た情報には軍隊配置さえ含まれていた。ところで伊尹は頭でっかちで背は曲がり、身長は低く、髪はボサボサ、髭面であった。人に好まれる外見ではないが、それが湯といい妹喜といい信任されるのだから、よほど人に取り入るのが巧かったのだろう。

三年して伊尹は殷へと戻った。湯が暴君桀に天の罰を加えよと宣言し、桀王打倒の兵を起こすと、伊尹も従軍した。殷軍は桀の軍を打ち破り、伊尹は天下に向けて勝利を宣言した。諸侯も湯の覇権を認めた。

伊尹は湯の死後も、湯の子外丙《がいへい》、中壬《ちゅうじん》、湯の孫で外丙および中壬の甥である太甲《たいこう》、太甲の子沃丁《よくてい》に仕えた。太甲の時には、伊尹は暴虐で湯の遺法を守らぬ主君を追放している。この追放の間政治は伊尹が取り仕切ったが、三年経って太甲が過ちを悔い、自らを責めると、伊尹は太甲を迎えて政権を返した。

儒教の讃える聖人宰相――周公

殷もやがて倒れるときが来る。殷が圧制者へと堕落したとき、西方の国、周《しゅう》が挙兵して、殷の覇権を奪い取った。この交代劇を成し遂げたのは周の武王であるが、この武王も補佐役に恵まれていた。武王は賢明な弟、中国史上に聖人として名高い周公の補佐を受けていたのである。

周公は姓を姫《き》、名を旦《たん》と言い、周公と呼ばれたのは周の地を支配したからである。彼のことを指して周公旦と呼ぶことも多い。この周公は兄武王の即位以降、常に兄を支えて万事に力を尽くした。周公の本領は政治にあったであろうが、彼は政治のみならず軍事についても武王を補佐した。例えば即位九年の武王の東方遠征では周公は同行して補佐に当たっている。そして武王即位十一年目、殷の暴君紂王《ちゅうおう》を牧野の地で討った際にも周公はその軍中にいた。儀式を執り行い、紂の罪を天と人民に告げ、勝利宣言した際には、周公は大鉞を持って、小鉞を持った召公《しょうこう》とともに武王を左右から挟み込み護衛した。

武王
（前 11 世紀頃）

周公
（前 11 世紀頃）

戦後武王は功臣や親族を、諸国を支配する諸侯として配置した。周公も魯《ろ》の国を支配地として与えられたが、周公自身は現地に赴かず、周に留まって武王を助けた。武王の下での周公の忠誠は、殷打倒二年後に武王が病臥した際の逸話によく現れている。この時周公は先祖達の霊に祭文を捧げて言った。武王の器量は天下の安定に必要であり、天上で霊に仕える仕事は、武王より多芸多才な自分の方が上手くできるでしょうから、自分を身代わりに殺して下さいと。忠義心とともに自己の能力への自負も伺える祭文である。

武王はこの時は平癒したがやがて幼い息子の成王《せいおう》を残して死んだ。周公は摂政となって成王に代わって政治を取り仕切り、諸制度を定め、内乱を鎮圧した。また彼は反乱多発地の東方に洛邑《らくゆう》の街を築いて自らの居所とし東方諸部族に睨みをきかせた。周では首都鎬京《こうけい》のことを宗周《そうしゅう》、洛邑のことを成周《せいしゅう》と呼んだ。成王が成人すると周公は政権を返上、以後、成王に畏れと敬いをもって仕えた。

ところで中国の文化に多大な影響を与えた思想に孔子《こうし》の始めた儒教があるが、孔子は周公の姿を夢に見続けるほど周公の事を尊敬し、周公の夢が見られなくなったとき、自分は衰えたと慨嘆した。このような儒教の扱いの故に、周公は中国で聖人とされてきた。しかし素晴らしい聖人君子であっても有能すぎる臣下とは、取り扱いに困る代物のようで、周公の統治時代には周公が王位を奪うという疑惑が広まっていたし、成王親政後は讒言があって、一時周公が楚《そ》の国に出奔しなければならなくなるという事件も起きている。

俗物君主を覇者に押し上げた辣腕の俗物宰相——管仲

周が衰え、諸侯を抑える力がなくなった後は、幾つかの大諸侯が諸国の連盟を組織して覇権を握り、覇者と呼ばれた。その筆頭は斉《せい》の国の桓公であるが、桓公が覇者になれた陰には名宰相管仲の貢献があった。

桓公は軽率傲慢欲深な男であった。私生活では趣味と快楽に熱中し、馬が好き、犬が好き、美食が好きで、酒が好き、女も大好きであった。食についてはこの世の美味を極めんと人肉料理を食べたくらいである。女については、宮廷内に女で溢れる市場を設け、そこに入り浸って女達と交わっていた。公生活はというと、目先の欲に駆られ、あるいは傲慢さから、外交上の信義を疎かにするなど、こちらも色々問題を抱えていた。

桓公
（〜前 643）

管仲
（〜前 645）

これだけ聞くと暗君にしか見えない桓公だが、しかし遊び以外に人材を愛し、自分が見込んだ人間を信頼しその献策を容れる度量があった。管仲は斉の支配権をめぐる内乱で桓公の異母兄糾《きゅう》に付き、桓公の帯の留め金を射当てた男、桓公にとって憎い敵であった。ところが桓公に仕えていた管仲の親友鮑叔牙《ほうしゅくが》が、もし御主君が天下の覇王たることを望むなら、管仲にしか補佐役は務まらないと助命を嘆願、桓公はこの言葉を容れて管仲に国政を委ねたのである。管仲は無責任な媚びへつらいで主君を気分良くさせる男ではなく、桓公の軽率な行動は、何度も管仲の強い諫言を受けたのだが、桓公は徐々に管仲への信頼を固め、口うるさい宰相が死ぬまで信任を保ち続けた。管仲は富国強兵策と誠実な外交政策で、桓公を覇者に押し上げた。「衣食足りて礼節を知る」という有名なことわざは、管仲の言葉を元に作られている。

それにしてもうるさ型の宰相管仲がなぜ俗物の桓公の信頼を保てたのだろうか。実は管仲自身、私生活では物欲と虚栄心に満ちた俗物であり、そのことが重要だったと思われる。管仲は極貧の青年期、親友鮑叔牙と協働で商売した際に、友情につけ込み何度も友の利益をかすめ取っていったような男である。彼は出世すると主君に匹敵するほどの富をかき集め、臣下の身で諸侯しか持てない儀式道具を保有して、いい気になっていた俗物である。おそらく俗物君主とは馬が合い、俗物を乗せるのもお手の物だったのだろう。

中国古代戦国時代の超大国秦《しん》を育て上げ
あるいは超大国秦に抗った名宰相達

商鞅《しょうおう》＆蘇秦《そしん》＆張儀《ちょうぎ》

商鞅
（～前 338）

孝公
（前 381 ～前 338）

超大国秦の基礎を固め、戦国時代の情勢を決定づけた辣腕改革者――商鞅

紀元前四～三世紀にかけて中国は、戦国時代と呼ばれる七大強国による激烈な争闘の時代であった。この時代は西方の強国、秦の超大国化によって統一へと向かっていくが、秦の躍進は、一人の改革者の辣腕によるものであった。その改革者の名を商鞅と言う。

商鞅は弱小国、衛《えい》の妾腹の公子であり、姓は公孫《こうそん》、名は鞅であった。後に商於の地に領地を与えられて商の姓を得、商君の尊称で呼ばれた。厳格な法律で厳しく国民を締め上げ、富国将兵することを説く刑名の学（法家の学）を学んでいた。商鞅ははじめ衛の国を従属下に置いていた魏に仕えたが、そこでは重用されることがなく、西方の大国、秦へと赴いた。

秦は戦国の七大国の一つであるが、辺境の後進国で、しばらく凡君暗君が続いたこともあり、この頃、国威は振るわなかった。新たに即位した若き気鋭の君主孝公《こうこう》はその状況を変えるべく、「招賢令」を出して広く富国強兵の策を求めたのだが、商鞅はこの話に乗ったのである。商鞅は法家の理論による富国強兵と覇道の術を説き、孝公はこれを高く評価、語らう内に思わず椅子から膝が乗り出してしまったほどだ。孝公の信任を得て商鞅は前三五六年と三五〇年の二度に亘り、商君の変法と呼ばれる国政改革を断行、厳格な法律で旧来の貴族層を抑え、国家を中央集権化させていくことになる。

人間は保守的で旧習に固執するもの。まして政治ともなればそれに既得権益がからまる。御前会議では商鞅の前に、旧来の風俗を維持して民を教化し、穏やかに国を治めるべきだとする保守主義者が立ちふさがった。これに対し商鞅は愚かな民の考えなど気にするには値しない、民には後から改革の

結果だけを享受させれば良い、従来の習俗に安んじる凡人や、知識に溺れるだけの学者と国家の有り様を論じることなどできない、と言って反対論をねじ伏せた。商鞅は悪事や怠慢を厳罰に処し、功績への報償を定め、功労無き富裕者の贅沢を禁じ、国民がよく働き、よく戦うよう誘導していった。この様な新法には富裕な貴族層の反発も強かったが、商鞅は貴族層に弾圧を加えて、新法を浸透させていった。一〇年の月日を経て、秦は富み栄えた。商鞅は大良造（宰相）に取り立てられ、国政の実権を与えられ、さらに活躍を続けた。

だが商鞅の栄光は長続きはしなかった。彼を全面的に信頼してくれた孝公は前三三八年に死に、苛烈な改革者として敵の多かった彼を守ってくれるものは無くなった。彼を謀反人とする讒言があり彼は逃亡、最終的に本当に謀反へと追い込まれてしまった。ただ商鞅は謀反人として死んだが秦の政治はその後も彼の敷いた路線の上をひた走り、秦は戦国随一の超大国へと成長する。

大同盟を率いて超大国秦に対抗した豪腕外交家――蘇秦

超大国秦の出現。これに対する対応策として多くの知恵者によって唱えられ実行されたのが合従策、余りに強すぎる秦に対し、諸国が同盟して対抗しようという策である。

とはいえ弱者を束ねて圧倒的強者に立ち向かうのは難しい。抜け駆けして強者と結ぶことの抗いがたい誘惑、連合者に危険と負担を押しつけようとする保身の欲求、さらには強者の存在とは別次元に発生する弱者同士の利害対立、様々な障害を乗り越えて多くの主体を束ね、敵が連合の有効性を実感

蘇秦
（～前 317）

張儀
（～前 309）

できるだけの機能と結合を維持して外に誇示し続ける。考えるだけならできても、実行となると容易なことではない。蘇秦はその困難な合従を、大規模かつ長期間に亘って実現して見せた、怪物じみた宰相の名前である。

　蘇秦は学問と弁舌で身を立てることを目指し、正業に就かず困窮の中に暮らしていた。彼は戦乱の時代、外交戦略を売り込んで、諸侯に取り立てられようと考えていたのである。ところがこんな男の評判はすこぶる悪く、兄嫁や妹、妻妾さえも彼をあざ笑い、その悪評の故に、彼は故郷である周の王に目通りを求めても機会を得られなかった。その後、彼は超大国として台頭を始めた秦を天下を併呑する策があると称して訪れる。合従策の代名詞とされる蘇秦だが最初から好き好んで弱者連合を作ろうなどとは考えなかったのである。だがこの時、秦は改革者商鞅を誅殺したばかり、他国者の弁舌の徒にとっては最悪のタイミングであって、蘇秦は献策の機会だけは与えられたものの、全く信用してもらえなかった。

なかなか活躍の場を得られなかった蘇秦だが、やがて燕《えん》の国に直近の脅威である隣国趙《ちょう》と同盟するよう説き、使者に立った際、趙が秦と激しく戦っている情勢を捉えて、七大国の秦以外全てを同盟させて秦を押さえ込む、六カ国同盟構想を提示する。そこから蘇秦は順次諸国を説得し、六カ国同盟の実現に成功した。彼は合従の盟約の長となり、六カ国の宰相を兼務した。しかも彼は六カ国同盟という巨大な機構を、ただ成立させただけではなく、十五年に亘って有効に機能させる。十五年間、秦は六カ国に対し軍を送ることができなかったのである。燕も隣国の脅威を免れた。

合従が解消された後も蘇秦は、燕のために活躍、スパイとして斉《せい》の国に仕えるなどした。

ところで蘇秦は、あまりに高名なため、他の人物の業績が多く彼のものとして伝えられ、実像がはっきりしない。彼について、燕のスパイとして斉の国に仕え五カ国を連合させた、斉のため隣国征服の策を立てたなど、六カ国同盟の組織者ではないとする説や伝承も存在している。

同盟諸国を分断孤立させ、秦の餌食に変えた大謀略家——張儀

諸国の合従に対し秦にも対抗策がある。それは連衡策、秦が六大国のそれぞれと個別に同盟し、六カ国の足並みを揃えられなくする策略である。張儀は秦の宰相として連衡策を実行した謀略家である。

張儀は若き日に遊説先の楚《そ》の国で盗みの容疑で数百回むち打たれた時に、遊説などしなければと嘆

く妻の前で、まず舌の無事を気にかけ、舌さえあれば十分だとうそぶいた、自己の弁舌に絶対的なまでの自信を持つ男であった。この不敵な弁舌家はやがて秦を訪れ、かつて蘇秦の仕官を断った秦の恵文王《けいぶんおう》に取り入ることに成功する。張儀は秦の宰相となった。

張儀は秦のため、活発な外交・謀略を展開した。彼は恐るべき政治工作の才を持ち、その工作の手は王の寵姫など他国の宮中にも及んだ。彼は利益で釣り、工作で操り、諸国の政策を巧みに連衡の方へと誘導していった。秦は分断孤立した諸国を威圧、攻撃し、諸国は大きく力を削がれた。

ところで秦の敵の力を大きく削ぐことに貢献した張儀だが、薄汚い陰謀家として恵文王の後継者武王《ぶおう》には嫌われ、群臣からは憎まれていた。そのため彼は武王が即位すると秦を去ることになった。

中国古代の統一帝国建設を助けた
秦の始皇帝《しこうてい》および漢の劉邦《りゅうほう》の名補佐役

李《り》斯《し》＆蕭何《しょうか》

李斯
（～前 208）

始皇帝
（前 259 ～前 210）

「焚書」で悪名高い初の統一帝国を支えた名宰相――李斯

兵馬俑に守られた始皇帝陵の主として日本でも有名な中国の秦《しん》の始皇帝、彼は中国を史上初の統一へと導いた英傑であった。その偉業の陰には李斯という名補佐役がいた。

秦の天下統一を支えた名宰相であるが、李斯は秦の国の生まれではない。李斯は楚《そ》の国の庶民の生まれであった。若い頃郷里の小役人となったが、便所に住み着いて糞便を喰らうネズミと倉庫に住み着いて穀物を食うネズミ、同じネズミの間の格差を見て、人間も身を置く場所で価値が決まるのだと嘆息、より良い身の置き場を得るため帝王の術を学び、弱体な祖国を捨て、超大国秦に仕官先を求めた。

やがて秦王の政《せい》、後の始皇帝に献策する機会を得た李斯は、今は絶好の機会であるとして、天下統一の計を説く。彼の提案により、始皇帝は諸国に謀略の士を派遣、他国の家臣を財物で買収し、金品に釣られぬ忠義者には刺客を送り、他国の政策に影響を及ぼして、秦への有効な対抗策を打てないようにした。超大国の秦に対抗するため多くの知恵者が立ち替わり唱えた策に合従策、すなわち対秦同盟があるが、合従の動きもこの李斯の謀略で潰された。やがて秦は本格的な天下統一戦に乗り出す。前二三〇年に韓《かん》の国を滅ぼしたのを手始めに、秦を含めて七大国とされた他の六カ国を前二二一年までに滅ぼした。この間、李斯は官位において三番手の廷尉であったが、最も信頼できる補佐役として、その計略によって始皇帝の諸国攻略計画策定を助けた。統一が成ると、始皇帝は皇帝を名乗り、李斯を家臣団の筆頭の丞相の地位に就けた。

李斯は秦帝国の丞相として、中央集権体制の国家組織の形成と運営、法律の整備、文字の統一、蛮族征討計画立案とあらゆる事業に大きく貢献した。

ところで李斯が唱え、始皇帝が裁可した「焚書」という悪名高い施策がある。医薬や占い、農業の書を除き、文学、詩書、様々な学派の書物を没収焼却するという施策である。ことある毎に徒党を組んでヒステリックな声を上げ、古のカビの生えた歴史話を持ち出して、現実政治に歴史の先例を適用しようとする政論屋、似非学者どものことを、腹に据えかねての施策である。書籍を焼き、馬鹿げた議論が百出する元を断とうというのであった。ちなみに博士が職務上保持している書籍は焼却対象から外されている。

やがて始皇帝が死ぬと、李斯は迷走を始める。彼は宦官すなわち宮中に仕える去勢男性である趙高《ちょうこう》の長子扶蘇《ふそ》を差し置き、末子胡亥《こがい》を立て、権力を恣にしようという陰謀に、恫喝まがいの言辞に押し切られる形で消極的に荷担、主君の死後も丞相の地位を維持した。しかし権力は趙高が握り、李斯は失政を見ても、皇帝に媚びを売って身を守ることしかできなかった。やがて堪えかねて彼は趙高の専横について諌言を呈したが、これは趙高を盲信する二代皇帝の不興を買い、謀反人として無実の罪で処刑された。

人使いの名人に勲功第一と評価された名宰相――蕭何

秦の統一帝国が短期間で滅んだあと、しばらくして再び中国を統一したのは劉邦の建国した漢《かん》であった。劉邦は、主君の側で知謀を廻らし、千里の外に勝ちを決した謀略家の張良《ちょうりょう》、国家を鎮め人民

劉邦
（前 256 ～前 195）

蕭何
（～前 193）

を手なずけ、補給を絶やすことのなかった名宰相の蕭何、百万の大軍を自在に操り、戦えば必ず勝ち攻めれば必ず取った名将の韓信《かんしん》といった多くの人材を使いこなしたことこそ、自分が天下を取れた所以であると語っている。そしてここに挙げられた蕭何こそが、数多いる勇将や知謀の士を差し置いて、劉邦が天下平定の勲功第一と認めた人材であり、さらに統一後の国家の基礎を定めた男であった。

　蕭何は劉邦と同郷の沛《はい》の出身で、その地で下級官吏となっていた。法律に通じ、事務に長け、沛を訪れた監察官に推挙され、中央から登用の誘いが来るほどであった。彼は法令上の問題で助力してやるなど、地元の遊侠の徒の親分であった劉邦と良好な関係にあった。

　やがて秦の悪政に対し、各地で反乱が相次ぎ、前二〇九年劉邦も挙兵するに至ると、蕭何は劉邦の事務官となって補佐役に収まった。反乱勢力が連合して秦の首都咸陽を目指し、前二〇七年劉邦が咸陽攻略に成功すると、諸将が争って財宝の倉庫に殺到する中、蕭何は秦の法令や文書の接収に精を出した。これにより劉邦は中国全土の国勢、民情、軍事に重要な地勢の険阻といった重要情報を把握することができた。その後、劉邦の建国した漢と反乱勢力中の最大実力者項羽《こうう》の楚が中国全土の支配権を争うことになるのだが、その際、蕭何の接収した情報は漢の国力養成、政略、軍略を大いに助けることになった。

もちろん蕭何の功績はこれだけではない。秦滅亡直後、劉邦を軽侮する項羽の態度に諸将が項羽討つべしと息巻く中、蕭何は兵力に勝る項羽と即時決戦する愚を説き、ひとまず領地で国力と兵を養うという戦略を提示する。蕭何は劉邦の建国した漢の丞相となり、政治を取り仕切った。翌年項羽への敵意が天下に満ちるのを見て、劉邦は出征、以後四年間戦いは続いたが、この間蕭何は後方を固め、食糧を補給して不足させず、繰り返される劉邦の大敗に何度も数万の援軍を用意し、項羽滅亡まで戦いを支え続けた。

項羽を破り天下が統一されると、蕭何はよく法令を整備し善政を敷き、反乱討伐に赴く劉邦の後方を固め、劉邦を支えて活躍した。しかし善政によって名声高く民心をよく掴んだ蕭何の存在は、彼に後方を託する劉邦にとって警戒の対象ともなり、劉邦は首都でのクーデターを恐れて何度も疑心暗鬼に囚われる。劉邦の警戒を解くために、蕭何は無数の田畑を人民から無理矢理安く買い叩き、人民に不平の声を上げさせ、わざと自分の名声を落とすという、おかしな努力をせざるを得ないことさえあった。

蕭何は劉邦の死の二年後、前一九三年に死んだ。この頃、漢の宮中は劉邦の妻呂后《りょこう》の専横に屈し、呂后の敵に対して残虐な私刑すら行われていたが、外に目を向ければこの間、蕭何の指導の元、政治は安定し、民衆の生活は平穏そのものであった。

李斯と蕭何――劉邦の人物評

劉邦は蕭何について不満を漏らしたことがある。秦の丞相李斯は善いことは主君の功とし、悪しきことは自分の罪として引き受け、主君を支えたのに、蕭何は自分を差し置いて人民の人気取りに走ると。この時、劉邦は結局は思いとどまったものの蕭何を処刑する寸前であった。保身のためわざと汚名を被るまでした蕭何であったが、それでも劉邦の警戒は消えはしなかったのだ。一方李斯は始皇帝存命中は主君との関係は極めて良好で、後世、始皇帝に阿諛迎合したなどと誹謗する歴史家がいるくらいである。よく似た役割を果たした両者だが、主君を上手く担ぐという点では、李斯の方が優れていたようである。

三国志の英雄劉備《りゅうび》・孫策《そんさく》・曹操《そうそう》を
補佐した名軍師・名宰相たち

諸葛亮《しょかつりょう》&張昭《ちょうしょう》&荀彧《じゅんいく》

諸葛亮
(181～234)

劉備
(161～223)

諸葛亮――二代にわたって絶対的な信頼を受けた蜀《しょく》のナンバー2

中国が三国に分かれて争覇した三国志の時代の英雄諸葛亮あるいは諸葛孔明については、大方の人がご存じであろう。『三国志演義』やそれを元にする物語で、神の如き知謀の天才軍師とされる人物である。

二〇七年若き俊英として名高く「臥竜」と渾名されていた孔明は、後に三国の一つ、蜀の建国者となる劉備に、三顧の礼で迎えられた。青二才の元に、自ら三度も出向いてくれた誠意に感じ入り、劉備の忠実な片腕となった孔明は、その政治的才覚で劉備を蜀の皇帝へと押し上げて自らは丞相すなわち宰相に任じられ、二二三年の劉備の死に臨んでは遺児劉禅《りゅうぜん》の補佐を委ねられた。死の間際、劉備は、息子に才能がなければお前が国を奪えとの言葉で、孔明への信任の深さを示し、劉禅には孔明を父として仕えるよう命じた。これ以後孔明は蜀の軍事政治の全般を掌握し、劉禅を支えて粉骨砕身する。劉禅は、際だった才知はないものの、臣下に対する無駄な猜疑心を持たず、臣下を信任し意見をよく受け入れるという美質を備えており、この二代目の元でも孔明は才能を発揮することができた。彼は公正な統治者、史上有数の政治家として絶賛され、軍事的にも当代の名将として名を馳せた。敵国魏《ぎ》の将、司馬懿《しばい》は彼を天下の奇才と称えた。

ところで孔明という男について、物語の影響で作戦家、謀略家、名参謀とのイメージを持っている方がおられるかもしれない。ところが彼の実像も、彼自身の自己認識もそうではなかった。孔明は青年時代、傲慢にも自らを歴史上の英雄管仲《かんちゅう》、楽毅《がくき》になぞらえて、周りを見下していた。管仲は富国強兵と信義に満ちた外交政策で主君を覇者に押し上げた大政治家、楽毅は連戦連勝の名将である。孔明は自らを政治家、将軍となる才だと誇っていたが、参謀、謀略家となるべき人材とは自任していなかったのである。事実彼の功績は、劉備時代には大局的な国家戦略を策定し、統治体制を整備し、出征する劉備の留守を固めて物資兵員を充足させたことであり、劉禅時代には統治し、軍を統率することであった。劉備時代の彼は作戦家としては重用されておらず、その役割は法正《ほうせい》という男が担っていた。法正の死後、劉備が無茶な遠征を行い大敗した際、孔明は法正が生きていればこのようなことにはならなかったと嘆息している。そして劉禅時代の武将としての彼は、名将ではあるが、奇手を好まぬ慎重堅実な用兵を特質としていた。

張昭——代替わりによって疎まれるようになった呉のナンバー2

三国志の時代、主君の死に臨んで、後継者に才能がなければお前が国を取れと言われた傑出した補佐役は諸葛亮だけではない。呉の国の張昭もそのような人物であった。

高名な学者であった張昭は一九五年、呉の実質的建国者孫策が旗揚げすると参謀に迎えられた。彼はもう一人の参謀張紘《ちょうこう》とともに信任され、孫策は出征の際には、一方を参謀として随伴し、一方に留守を固めさせていた。特に張昭への信任は厚く、張昭は孫策から文事武事の一切を委ねられていたとまで言われるし、また孫策は張昭を管仲に喩え、張昭の進言を活用している自分は覇者になれるとまで語った。孫策は張昭の家を訪ねてその母に挨拶するほど張昭と親しくつき合い、張昭を師として尊

孫策
(175 ～ 200)

張昭
(156 ～ 236)

敬礼遇していた。

ところが張昭を信任してくれた孫策は二〇〇年二五歳で死に、さらに若い孫権《そんけん》が後を継ぐ。張昭がお前が国を取れと言われたのは、この時のことである。張昭は若き新君主を支えて、動揺する呉の政権を守り抜いた。孫権に代わって政権を守り抜いたという方がふさわしい。張昭は役人達をとりまとめて孫権を後継者として立てると、悲しみにくれて家の奥に引きこもった孫権に代わって、各地の武官に変わらず職務に励むよう指示を出し、政権の動揺を抑えた。その上で孫権を叱りつけて馬に乗せ、兵士達を整列させた前に引き出し、兵士達に孫権が新たな主君であると認識させた。その後も張昭は孫権を補佐して大いに活躍、孫権の出征の際に留守を固めて政務を取り仕切ったのみならず、孫権統治の初期にあっては賊徒の鎮圧や、孫権の遠征と平行した別動隊の指揮など、軍の統率さえ行った。孫策時代以上の活躍であった。

しかしこれほどの活躍をした張昭であるが、孫権との関係はあまり良くなかった。二〇二年に孫権の母が死んだ際にも張昭は孫権のことを頼まれていたが、ことある毎に兄と母の遺言を持ち出し、口うるさい張昭のことがどうも孫権は煙たかったらしい。張昭が何かと分別ある老成した意見を吐くことも、血気盛んな孫権と合わなかったのだろう。その上、張昭の性格が必要以上に剛直かつ意固地で孫権といらぬ衝突を招くきらいもあった。結果張昭は孫権に疎まれていった。孫権は二二二年頃、丞相を置くことになった際、張昭こそふさわしいとの衆議を無視、その後も口実を探しては張昭を丞相に任命することを避け続けた。

荀彧――主君とすれ違いの末に悲劇的な死を遂げた魏のナンバー2

三国志の最大勢力は曹操の建国した魏であるが、それにふさわしく曹操の下には補佐役として前記二名より優れた人物がいた。その人物は荀彧、若くして王佐の才すなわち補佐役の才能を謳われた人物である。一九一年に荀彧が曹操に仕えた際、喜んだ曹操は彼を自分の子房《しぼう》と呼んだ。子房とは前漢の建国者劉邦の謀臣張良《ちょうりょう》のことで、史上屈指の謀略家として名高い。そしてこの評価にふさわしく、荀彧は三桁に上る策謀により曹操の勢力拡大を助けた。曹操は荀彧を留守に残して出征した時でさえ、荀彧の意見を求めた。

しかし策謀家としての活躍、曹操の子房という評価は、荀彧の才能功績の一部分しか示していない。

曹操
（155 ～ 220）

荀彧
（163 ～ 212）

荀彧は曹操のために大局的な国家戦略を立て、進むべき道、倒すべき敵を示し、曹操を導いた。例えば二〇〇年には、大敵袁紹《えんしょう》との戦争で弱気になった曹操が撤退したいと泣き言を漏らしたが、荀彧は叱咤して戦いを続けさせている。また荀彧は曹操の出征の際、しばしば留守を任されて、政務を掌握し、後方を固めた。特に一九四年、曹操が猛将呂布《りょふ》と戦った時の功績は大きい。この時曹操の領地では多くの城が反乱したが、荀彧はわずかに残った城をとりまとめるとともに、冷静な応対によって外部勢力の介入を防ぎ、おかげで曹操は根拠地を失わずに済んだ。この他、世の拗ね者までも長所を見抜いてすくい上げ、人材多数を適材適所に推挙したことも荀彧の大きな功績である。荀彧は傑出した政治家でもあったのだ。

　ところで諸葛亮が傲慢、張昭が意固地だったことは既に述べたが、荀彧はそれらと異なり人格的にも優れていた。彼は人を見下さず徳行をあまねく備えていた。人格と才知を兼備する彼を、天下の英才は手本とし、第一人者として尊敬した。諸葛亮を天下の奇才と評した司馬懿は、荀彧を百数十年間で及ぶ者なき賢才と称えた。だがこの補佐役はそれにもかかわらず晩年は不幸であった。晩年の彼は政治理念をめぐって曹操と感情的な対立を生じ、憂悶の内に病死した。曹操の命で服毒自殺したとの伝承さえ存在する。

異民族が入り乱れる中国史上の大戦乱時代に
天下と人民の安寧を求めて
司馬睿《しばえい》・苻堅《ふけん》を補佐した大政治家達

王導《おうどう》&王猛《おうもう》

王導
(276～339)

司馬睿
(276～323)

華北を混沌にたたき込んだ五胡十六国の大戦乱

古代中国の晋《しん》王朝では軍事力への異民族の組み込みが積極的に行われ、中国内に多くの異民族が流入したが、晋が過度に分権的な国家体制故に内乱を生じると、これを機にそれら異民族は自立した。中国各地に異民族が多数の国家を乱立し、華北は諸民族が差別意識をむき出しにして互いに殺し合う、過酷な戦乱状態に陥った。五種族が割拠し十六国が興亡した時代、五胡十六国時代と呼ばれる、中国史上最大の混乱期の到来である。そして華北で異民族国家が相争う間、晋と晋の後を継ぐ中国の正統王朝は、わずかに江南を保つのみであった。

そしてこの民族的苦難の時代、中国の知識人の心ある者たちは、あるいは江南に逃れて正統王朝を支え、あるいは敢えて異民族に膝を屈して異民族政権の教化・善導に力を注ぎ、それぞれが知恵を絞って、民族的苦難を克服するための道を探った。結果この時代は、幾人もの傑出した補佐役を生み出すことになった。

江南の正統王朝を支えて華北奪回を志した名補佐役王導

実は自立した異民族によって晋王朝は三一一年に一度滅ぼされているのだが、その後三一七年、江南の地で皇族司馬睿を皇帝として晋王朝は再興、これは一般に東晋と呼ばれている。さてこの東晋は、華北から逃れた亡命貴族を基盤に、江南の一部有力豪族を取り込んで、土着勢力を押さえ込み、樹立した政権であるが、異境で土着勢力を抑えて政権を樹立・運営するという離れ業が成功した陰には、司馬睿を支える優れた補佐役、宰相王導の力があった。

　王導は司馬睿と同郷の生まれで親交があり、三一一年に司馬睿が江南に入る以前からその下で幕僚を務め、軍事に参与し、統治を助けていた。晋の滅亡直前、将軍として江南に入った司馬睿は、当初土着勢力の支持をなかなか得られず苦労したが、王導は祭礼の際に盛大な軍事パレードを実施して自分たちの力を誇示、豪族達の支持の獲得に成功する。江南の豪族達は、多数の豪族の間でまとめ役となり秩序を保つことのできる盟主的存在を常に求めていたのだが、しかるべき実力さえ備わるなら、外来の皇族は、由緒正しい血統としがらみの少なさの点で、盟主として迎えるのに、決して悪くない選択肢である。実力、すなわち軍事力を示した王道の処置は、かかる状況をよく理解した、まことに適切なものであった。

　そして司馬睿の勢力を江南に植え付けることに成功した王導は、傑出したバランス感覚で、豪族勢力を上手く操り、司馬睿の立場を固めていく。華北の混乱を逃れてきた移住者を取り込んで江南の豪族に対抗するための勢力を蓄える。江南豪族達の一部を優遇し、一部を冷遇する巧みな分断政策で、江南豪族が一致団結反抗することを不可能にする。強すぎる力の持ち主は抑制するが、バランスを崩すほどの抑圧は控え、巧みに諸勢力を均衡させる。王導はこうして、諸勢力の均衡の上に消極的に盟主として担がれるに過ぎない司馬睿政権の立場を安定させた。

　司馬睿は王導を、歴史上の名宰相蕭何に例え、自分の蕭何と呼んで大いに信任、帝位に就いた際には、王導を宰相に任命している。とはいえ巨大過ぎる王導の存在を司馬睿はしだいに疎ましく感じるようになり、やがて新たに側近集団を作り、王導を朝廷で疎外するようになっていった。

ところで王導の指導よろしきを得て、軌道に乗り中国正統王朝の命脈を保つことに成功した東晋政権であるが、王導はこれに満足していなかったらしい。宴席で故郷をなつかしみ涙を流す貴族達に、王導が、我々は皇室の下に一致団結して華北を奪回すべきであって、泣いている場合ではないと叱りつけた逸話が今に伝えられている。

異民族王朝に仕えることで華北に平安をもたらそうとした名補佐役王猛

司馬睿と王導の築いた東晋は北伐して異民族政権から華北を奪回することを志していたが、北伐を実現するほど国家の基礎が固まるには時を要し、世代が代わった四世紀半ばになって、ようやく北伐が盛んに行われるようになった。武将桓温《かんおん》が率いた軍勢は特に成果が著しく、三五四年には中国北西部、古の都長安のある重要地域、関中地方への進出に成功、この時、現地の老人達は再び官軍の姿を見ることができるとはと感動の涙を流したという。

しかし老人達の感激はさておいて、関中の賢者、豪傑達は、この時姿を現した東晋軍の味方をして良いものかどうか、頭を悩ませていたのだが、大勢がこのように様子見に固まる中、桓温の元を訪れた一人の人物がいた。学問はあるが世事には無頓着、変人として知られ、若くして山に入って隠遁生活を送っていた王猛という男であるが、この男、粗末な身なりで面会を求め、シラミをひねりながら話をするという傍若無人な態度で、官軍総帥桓温と時局について語り合った。異民族から華北を救お

王猛
（325 ～ 375）

うと官軍がやって来たというのに現地の豪傑達が馳せ参じてこない、そう嘆く桓温に、王猛は官軍の進撃が手ぬるく、閣下に本心から華北奪回の志があるか人々は疑っているのだと指摘した。この時、桓温は北伐して華北奪回することより、適度に武勲を立てて東晋に帰り、その威光によって帝位を奪い取るという計画に心奪われており、それを見抜いての指摘であったと言われている。そしてその才知を評価した桓温は、王猛を配下に加えようとしたのだが、華北を救う志無き武将の誘いが王猛を動かすことはなく、その後、王猛は異民族王朝前秦の王族、苻堅に仕えることになった。苻堅は、穏健寛容な政策で諸民族の和解協働を図り、五胡十六国第一の名君の名を残すことになる人物であり、華北の人民を救わんとするなら、頼りにならぬ正統王朝より、よほど仕えるに値する人物であった。苻堅は王猛を手に入れたことを、三国志の英雄劉備が名補佐役諸葛亮を手に入れたようなものだと言って、喜んだと言われる。

三五七年に帝位に就いた苻堅は王猛を重用、その信任は、建国の元勲が重用を妬んで民族対立意識をむき出しに王猛を攻撃した際、その元勲を処刑してしまったほどである。そして王猛は信任によく応え、内政面では富国強兵を実現し、外交戦略を献策し、軍を率いては敵国を打ち破った。王猛の補佐によって苻堅は華北を統一することに成功した。王猛は三七五年、強固に基礎の固まった東晋との戦いを避け、征服した諸民族の統御に専念するよう、苻堅に遺言して死んだ。ところが苻堅は三八三年、遺言に反して東晋を攻撃、大敗して大いに威信を損ない、その後は諸民族の反乱独立に苦しみ続け、三八五年に敗死してしまった。

中国の五代十国の戦乱期に
五つの王朝十一人の皇帝に仕えた名宰相

馮道《ふうどう》

馮道
（882 ～ 954）

五つの王朝、十一人の皇帝に仕えた男

各地に軍閥が割拠し、慢性的な戦乱の中で幾つもの国が興亡した、日本の戦国時代にも比せられる中国の動乱期、五代十国時代。この武力の時代にあって五つの王朝、十一人の皇帝に仕え、その間二〇年に亘って宰相位を占めるという離れ業を成し遂げた、世渡り上手な馮道という文官がいた。こう言うと、巧みに人を誑かし、君主に取り入り、競争相手を追い落とす妖怪じみた人物が想像されるかもしれない。しかしこの離れ業を成した馮道という男は、妖怪じみたところなど全く持たない男であった。彼は時々学者を出す以外に特色の無い中小地主の家に生まれたが、親の手伝いの時間を除けばいつも本を読みふける、真面目で大人しい子供であった。彼が七歳の時に作った詩には、道ばたの雑草の花ですら鍬で命を奪いとりたくはないとの心情が歌われているが、これに象徴される通り彼の性格は温厚善良、長じてからも彼は人と争うことを好まない性格で有名であり、同時代人から「寛厚の長者」との評価を得ることになる。

宰相馮道

馮道は九〇七年二五歳で軍閥所属の下級官吏として政治生活に入った。彼は三二歳頃より学識と文章力で周囲の高評価を受けるようになり、九二七年四五歳の時には宰相に任命された。中小地主の子に過ぎない彼は、貴族制の残るこの時代にあって、宰相には家柄が低過ぎるのであるが、彼の博学多才と人と争わぬ性格を高く買う時の皇帝、後唐《こうとう》王朝第二代明宗《めいそう》（李嗣源《りしげん》）の強い後押しにより、彼は

大抜擢されることになったのである。明宗は五代十国時代屈指の名君とされる人物で、人を猜疑し忌避することがなく、馮道と同様に人と争わない人格者との評価を残している。馮道の学識・人格を宰相に適任と評価してこその大抜擢ではあるが、皇帝と性格的に一致する馬の合うタイプであったことも、この人事の理由の一つではあったろう。二人は馮道がよく諌め、明宗はよく聞き入れるという良好な君臣関係を保ち続けた。

なお馮道は明宗の信頼を受けてはいたが、宰相就任当初その地位は権力の実を伴っていなかった。しかし彼はしだいに力を伸ばし、時のナンバー2権力者、枢密使（参謀総長）の安重誨《あんじゅうかい》が専横により周囲の不評と皇帝の不興を買って九三一年失脚すると、権勢を誇る名実兼ね備えた宰相へと成長した。その後、王朝も皇帝もしばしば替わったが、馮道は長きに渡って宰相位を占めた。時に君主に疎まれて実権を奪われ、あるいは力無き名誉職に移されることもあったが、後晋高祖《こうしんこうそ》や後周太祖《こうしゅうたいそ》の時には、彼は絶大な信任を受けていた。

ところで忠臣は二君に仕えずと観念的に忠義の概念を振り回す儒学の国、中国にあって、馮道は「事はまさに実を務むべし」と語って現実主義を強調、平然と多くの君主と王朝に仕えた。そのため彼は忠義無き変節漢として中国史上の歴史家や思想家に強く批判されてきた。だがその一方で、権力の所在が目まぐるしく変わる動乱の中、いかなる君主や王朝を仰ぐかという空虚な名分論に固執せず、現実主義に徹して、時々の権力者の下、民衆の安養に尽力し続けた彼を讃える者も、同時代および後世に多数存在している。

中国の五代十国時代の戦乱に終止符を打った
宋王朝建国者趙匡胤《ちょうきょういん》を支えた知謀の名宰相

趙普《ちょうふ》

趙普
（922 ～ 992）

趙匡胤
（927 ～ 976）

宋の建国者趙匡胤の相棒趙普

軍閥の興亡した中国の大乱世五代十国時代に終止符を打った宋王朝の建国者趙匡胤は、皇帝となってからも、お忍びで街を単身出歩くのが好きであった。趙匡胤はこれによって民情を視察し、あるいは窮屈な生活からの解放の一時を過ごしたのだ。このお忍びで趙匡胤がしばしば訪れた場所として、腹心の部下趙普の家があるのだが、お忍びだけあって趙匡胤の訪問はいつも唐突、おかげで趙普は朝廷から帰宅しても衣冠を脱がずにかしこまっているのが習慣であった。趙普が大雪に油断してくつろいでいた夜ふけに、門を激しく叩いて大声で叫ぶやつがいると思えば、皇帝だったということまである。趙匡胤の言い分は、寝台以外はみな他人という宮殿の環境は、気が張って寝付けないからお前の所に逃げてきた、とのことであった。二人の仲は趙匡胤が後周《こうしゅう》の世宗《せいそう》の部将であった頃、趙普を趙匡胤の下に配属されたことで始まり、この際趙普が病に臥せった趙匡胤の父親を看病したことで、非常に親密な関係が成立していたのだ。

策略家趙普

趙普は私生活で趙匡胤の親密な相棒であっただけの人物ではなく、謀臣、宰相として趙匡胤を支えた名補佐役であった。主君の信任が弱まったことと建国後採用された新進官僚の台頭の結果、彼は宰相位にあること一〇年余りで失脚したものの、宋《そう》建国期の内外の政策はほぼ彼の構想通りに進み、その政治的存在感は、諸外国からしばしば彼宛に賄賂が届くほどであった。諸国は趙普こそが宋の政治を取り仕切っているのを見ていたのである。ちなみに送られてきた賄賂の処分はというと、恐縮する趙普に対し、趙匡胤が笑いながら受領するよう勧めるのが常であった。

九六〇年に世宗が死ぬと、趙匡胤は陳橋の変《ちんきょうのへん》と呼ばれるクーデターにより宋を建国、帝位に就くことになった。世宗の遺児は未だ幼く、世宗を支えた禁軍（近衛軍）の精兵たちが、宿将趙匡胤の権力掌握を望んだためである。この時、趙匡胤は禁軍将兵の用意した皇帝の衣服を無理矢理着せられ、帝位に就くことになったのだが、趙普は趙匡胤の弟趙匡義《ちょうきょうぎ》とともに、事件の裏で糸を引いていたと言う。

ところで趙普は皇帝権力強化策や地方軍の軍閥化抑止策、統一戦争の大戦略等を進言し、乱世の鎮定に多大な貢献を為したが、中でも重要なのは禁軍に対する処置の献策であろう。皇帝よりも自分たちの将帥を優先し、クーデターの原動力となった強大な禁軍を、忠実な国家の道具に作り替えてこそ、国家と皇帝の権力は確立され、地方軍の抑制も対外戦争も可能となり、天下を平定することができるのだから。趙普は元同僚である禁軍の有力武人を栄達させようとする趙匡胤に対し、彼らの権力を奪う政策を進言した。皇帝の元同僚との自意識を持った人間が軍を握っていることは、皇帝の権威にとって危険極まりないからである。武将達が裏切るとは思えないという趙匡胤の意見に対し、自分も裏切るとは思わないが、兵士達が謀反を望めば彼らにそれを抑える力はないと言って、趙普は説得に成功した。そしてこの処置と、その後の兵と将の癒着を防ぐ制度改革により、禁軍は国家権力の守護者へとその性格を変じていったのである。

毛沢東《もうたくとう》をその善行悪行全て含めて支持し続けた
徹底した補佐役気質の中国首相

周恩来《しゅうおんらい》

周恩来
（1898 ～ 1976）

毛沢東
（1893 ～ 1976）

毛沢東の家政婦

中国共産党を率いて二〇世紀中国の戦乱を勝ち抜き、中華人民共和国の建国者となった革命家毛沢東。良くも悪くも絶大な影響を中国現代史上に残したこの梟雄は、周恩来という一人の忠実な補佐役を持っていた。この補佐役は政策決定前には賢明な助言者となり、政策決定後には強力な実施者となって、毛と中国のために辣腕を振るった。彼は主人である毛沢東の計画・政策の有能な実施者であることから「家政婦」の渾名を付けられた。あまりの従順さが周囲の嘲りを受けることさえあった。毛沢東自身もこの補佐役のことを、その従順さ、おとなしさの故に、すこし意地悪く、小さなロバと呼んだと言う。

周恩来の忠勤ぶり

「家政婦」周恩来の毛沢東に対する忠勤ぶりをいくつか具体的に見てみよう。例えば毛沢東が、共産党を敵視する国民党指導者、蔣介石《しょうかいせき》と一九四五年に会談した際には、周は毛の宿舎、食事、移動経路を自ら手配、毛が万が一にも国民党に害されぬよう気を配った。しかもほとんど一睡もせずに、毛の側にいて、毛沢東の行くところ全てに自ら付き添った。食事は毒殺を恐れて全て周が毒味をし、乾杯の酒は毛に代わって周が飲み干した。この会談の際の話以外にも周の忠勤ぶりを語る逸話は多い。周は毛に使う目薬をまず自分自身の目で試させたし、毛が会議に行くときに途中水道管につまずかないよう見張りを立てるようなことまでしている。なお見張りはこの情けない任務を他人に押しつけ、そのため周に叱責されている。

さすがに水道管の見張りまでいくと、忠勤もいささか異常である。とはいえ周は権力者毛に対し、卑屈に媚びへつらっていたわけではない。なにせ周恩来は会議場や公式の歓迎会で使うレストランの前で、国家指導者の身を顧みず、自ら交通整理を始めてしまうような人であったらしいのだ。周が記者会見で床にうねったコードを自ら身をかがめて真っ直ぐに直していたこともある。とにかく人のために働くことが好きで、かつ几帳面な人物であり、それが上司と部下という関係になると、上記のような形で現れただけのこと、権力者個人に特別な奉仕をして媚びを売る気などさらさらなかったはずである。

周恩来と毛沢東――上司から部下へ

周恩来と毛沢東は最初から手を携えて革命の道を歩んでいたわけではなかった。彼らは別個の道を通って革命家となり、様々に意見を対立させる関係でさえあった。また二人の関係は、当初は周恩来の方が上位に立っていた。周は生涯通じて他を押しのけて自分が頂点に立つよりも、他人を盛り立てるやり方の方を好んでいたが、一九三〇年には世界の共産主義革命運動の中心地ソ連において、周こそは中国共産党指導者で唯一の分別と経験を備えた人物であると認識されていたほどである。他の共産党の最有力者たちは、瞿秋白《くしゅうはく》が感情主義、李立三《りりっさん》がヒステリーの烙印を押され、ソ連に不審の念を抱かれていたのである。そして共産党内の序列において毛沢東は最有力者周恩来の部下にすぎなかった。

やがて一九三五年初め、前年に手痛い敗戦を喫し、「長征」と呼ばれる逃避行に出ていた中国共産党は、途上の遵義において、情勢整理のため政治会議を開催した。ここで毛沢東らは指導部を激しく批判、周恩来も批判に曝されることになった。指導部はこれに対して反論を展開したが、ここで周は指導部側から離れ、毛沢東の側へと転向する。周は自分達の政治工作の不足、戦術戦略の誤りを認め、同志達に自分たちは毛沢東に従うべきだと語った。かくして遵義会議で毛沢東は中国共産党の指導権を掌握し、以後彼が党の頂点から降りることはなかった。周はそれまで部下であった毛の部下となった。

周恩来の気質

周恩来は遵義以降、毛沢東の絶対的に忠実な参謀役補佐役となった。それまでの中国共産党指導者と比べて粗野なところのある毛沢東は、周の本来の気質から言えば、必ずしも理想的な指導者とは言えないはずである。周恩来は貧困の経験もあったが、元々は富裕な家の生まれで、洗練を好むブルジョワ気質の持ち主だったのだ。フランス留学した周恩来の若き日には、パリで一張羅を着て写真を撮り、それを私製葉書に仕立てて世界中の友人に送りつけるなどということもあった。また彼はダンスを好み、一九五〇年代には妻と一緒によくダンスパーティーに出席したし、外国要人の出迎えの際、待ち時間にせわしなくステップを踏んでいたことさえある。この他彼は映画好きであったし、美しいダンサーがいて深夜まで麻雀のできるクラブを贔屓にしていたと批判されたことまである。とはいえ気質の違いを超えて、周は毛沢東に忠実であり続けた。そして毛も自らの派閥を作るなどせずひたすら忠勤する周を信任し続けた。

周と毛の判断が食い違うことも当然あったし、毛の計画が明らかに大失政であったこともある。しかしそのような場合でも、周は毛に従順であり、毛に対する対立者や制御者、強硬な諫言者としての立ち位置を取ることはなかった。毛の暴走に対する周恩来の態度は消極的批判者、実行段階における失政の微修正者に止まった。おそらくは自ら先頭に立って政争を戦うような暇があるなら仕事をしていたいという実務家気質と、人に仕えることを好む性格の故であろうし、毛と対立するより信任を確保した方が良い影響を及ぼせるとの判断もあったであろう。

文化大革命

一九六五年からの十年間中国は毛沢東が主導する文化大革命の狂乱の中にあった。文化大革命とは、地方の大衆を巻き込んで戦われた大規模権力闘争で、それに旧来の文化への否定・弾圧運動が同伴していたものである。この動乱の過程では、中国の政治行政を支える有為の人材や、罪無き人々の血が流れたが、周恩来はこの間、動乱の主導者毛沢東の支持者として信任を確保し、その立場を活かして人々を守るための努力を続けた。とはいえ文化大革命の先頭に立っていた青年組織紅衛兵の拷問によって周の養女が殺されるなど、彼の努力は常に誰に対しても成果を上げたわけではなかった。

ところで文化大革命の権力闘争によって罵倒され、失脚した党の幹部に鄧小平《とうしょうへい》がいる。一九七三年、周恩来はこの人物を政治的に復帰させる。周恩来は鄧小平の能力に傾倒し、鄧は周の後継者となった。そして周の死後、中国は多少の紆余曲折を経た後、この周の後継者の元で経済的な飛躍を始める。

【コラム⑦】補佐役はいかにして上司の猜疑心から身を守るべきか

歴史上の名補佐役の多くは上司の不当な猜疑心に悩んできた。補佐役の有能さは、いかに忠義に努めていても、上司の嫉妬や警戒を引き起こさずにはいないらしい。それでは補佐役は上司の猜疑心からどのように身を守れば良いのだろうか。歴史を顧みれば、ある者は敢えて汚職に手を染めて高まり過ぎた自分の名声を汚したが、処刑の寸前まで追いつめられた。保身の為に跪き無様に泣きわめくことさえ辞さない人物も、主君の殺意を受けることになった。しかしその一方で、極めて警戒心の強い主君に仕えながら、深刻な猜疑を受けなかった補佐役もいる。それは中国秦王朝の宰相李斯。彼の主君始皇帝に対する仕え方は、善いことは主君の功とし、悪しきことは自分の罪として引き受けるというものであった。

これは一見、無様なへつらいにも見えるが、よく考えれば学ぶところの多い態度である。まず自己の名声を高めない点で、上司の猜疑心を抑制できる。名声が高まってから慌てて打ち消しに走るより、はるかに賢明な態度だろう。また集団において、平穏を維持し補佐役の権力の源となっているのは、上司のカリスマや統率力であるが、これらの力を維持して集団の発展と補佐役自身の栄華を図る観点からも、上司の功績を割り増しすることは有意義だろう。しかもこれで上司との相互依存関係は強まり、保身にとっても有益と言える。ありもしない功績のでっち上げは、腐敗の素であり慎むべきだろうが、実在の功績を上手く上司に帰属させる行為は、補佐役といえるほどの厚遇を得た者には、むしろ推奨されると言える。

Great Number Two Leaders in Human History

第八章

日本

史上最強補佐役・宰相・顧問・右腕・番頭・黒幕・参謀

知謀によって中大兄皇子《なかのおおえのおうじ》を支え
天皇家中心の国家体制樹立を図った
大化の改新の功労者

中臣鎌足《なかとみのかまたり》

中臣鎌足
(614 ~ 669)

天智天皇
(626 ~ 672)

大化の改新

六四五年、中大兄皇子、後の天智天皇《てんじてんのう》は、部下が恐れて身動きが取れない中、自ら剣を振るって専横を極める大貴族蘇我入鹿《そがのいるか》を討ち果たした。権力を私物化し天皇家を蔑ろにする蘇我氏に対する、天皇家の側からのクーデターである。以後、中大兄皇子は天皇家中心の政治体制確立のための内政改革に力を注いだ。いわゆる大化の改新である。

ところでこのクーデターと内政改革はもちろん中大兄皇子の勇気、才覚、器量が無ければ為し得なかった難事業であるが、しかしそれだけで成功に十分だったわけではない。皇子が中臣鎌足という知謀に優れた名補佐役を持っていたこともまた、この難事業成功の理由であった。

謀略家中臣鎌足――中大兄皇子との出会いとクーデター準備

中臣鎌足は、宮廷の祭祀を司る名門貴族中臣氏の生まれとされる。中臣氏は蘇我氏と政治的に接近していたのだが、鎌足は皇室尊崇の念厚く、蘇我氏の専横を好ましく思っていなかった。当時多くの青年貴族が、先進国である中国に留学して最新の政治知識・学問を身につけ、帰国した僧侶の旻《みん》や南淵請安《みなぶちのしょうあん》の教えを受けており、彼らは先進国の皇帝中心の政治体制について知ることになったのだが、鎌足もそのような青年貴族の一人であり、皇室が蔑ろにされる自国の有様に、疑問を感じていたのである。

鎌足は蘇我氏の打倒を志し、皇室に盟主とするに足る人物がいないか探し求めた。彼は最初は軽皇子《かるのおうじ》と接触したが、これを盟主に担ぐことはせず、次いで中大兄皇子こそ盟主にふさわしい人物と目を付けるようになった。とはいえ彼は中大兄皇子に接近するつてがなく、それでも何とか接近できぬかと機会をうかがっていたところ、やがて法興寺《ほうこうじ》で行われた蹴鞠の会の折、中大兄皇子の靴が脱げ飛んでしまうという好機が到来した。ここで鎌足は目ざとく素早く靴を拾って皇子に捧げ、皇子の知遇を得ることに成功した。

鎌足は中大兄皇子と謀議をこらし、皇子を助けてクーデターを成功させた。鎌足は兵法書『六韜《りくとう》』を暗記していたとも伝えられており、日頃より軍事に関心を持っていたことが伺えるが、このことはクーデターに際して、なにがしかの役には立ったであろう。ところでクーデター成功の背景としては、蘇我氏が内部分裂していて、蘇我氏の一員、蘇我倉山田石川麻呂《そがのくらやまだのいしかわまろ》が中大兄皇子に荷担したという事情もあるのだが、石川麻呂を味方にするように献策し、石川麻呂の説得に当たったのは、鎌足であった。

改革者中大兄皇子の影――内臣《うちつおみ》中臣鎌足

鎌足はクーデター成功後、内臣となって中大兄皇子を支えた。「内臣」は正式の官職ではなく寵幸の臣、帷幄の臣を意味する語である。鎌足は皇子と個人的に親しく結びついた特殊な地位に立ち、いわば影として皇子に寄り添って国事の枢機に参画、知恵袋として二人三脚で政治改革を推進したのである。死に臨んで鎌足は藤原《ふじわら》の姓を与えられ、彼の子孫が日本随一の名門貴族藤原氏となった。

優れた学識によって宇多天皇《うだてんのう》を支え
政治改革に取り組んだ学問の神様

菅原道真《すがわらのみちざね》

菅原道真
（845 ～ 903）

宇多天皇
（867 ～ 931）

学問の神——文道の祖

平安時代の高名な学者菅原道真。彼は歴史書の編纂に関わり、詩歌に優れ、その文学上の業績は「文道の祖、風月の本主」すなわち学芸の祖、詩歌の達人として讃えられている。菅原道真は学問の神として現代でも広く崇拝されているから、受験その他の機会に彼にすがった経験のある方も多いだろう。

ところで彼は単なる学者先生ではない。彼は宇多天皇の信任を受けて政治の中枢に参画、困難な時代にあって政治の改革・再建に取り組んだ政治家でもあった。

寛平《かんぴょう》の治《ち》

宇多天皇は政治上の難題に苦しんでいた。ます天皇は名門貴族藤原《ふじわら》氏の専横に苦しんでいた。藤原氏の横暴による心労の結果、インポテンツに悩んで「玉茎不発」と日記に記すほど、天皇は苦しんでいたのである。また藤原氏の専横以外にも、この頃政治は困難に直面していた。強欲な貴族とそれと結託する地方豪族が国家の地方統治を様々に掘り崩していた。貴族と豪族達は土地を収奪して民衆を苦しめ、また民衆を自己の支配下に取り込んでいき、結果、国家財政と地方統治は困難を来すようになっていたのである。

このような困難に満ちた情勢下に宇多天皇は政治改革に乗り出す。当初は藤原氏の圧迫下、身を縮めていた天皇であるが、藤原氏の長である藤原基経《ふじわらのもとつね》が八九一年に死亡したのを好機として、政治権力を自ら掌握し、天皇親政を実現した。宇多天皇は、良心的な人材を抜擢して政治を活性化させる等したが、そうして抜擢された人材の一人が菅原道真であった。道真はかつて八八七年に天皇に対して横暴な態度をとる藤原基経相手に、情理を尽くした諫言を行い、それによって天皇の信頼を得ていたのである。

道真は学者の身としては異例の抜擢を受け、八九三年に閣僚である参議に取り立てられ政治の中枢に席を占めるようになり、その後もさらに出世を重ねた。彼はこの間、良心的な地方統治で名声を博し、宇多天皇の抜擢を受けた良吏藤原保則《ふじわらのやすのり》と提携して政治を引き締め、貴族豪族の横暴に対処して民衆への侵害を抑止し、これはある程度の成功を治めた。この成功により宇多天皇の治世は「寛平の治」と呼ばれて賞賛されることになる。

宇多天皇の退位と道真の失墜

学者に過ぎない道真が政治家として活躍できるのは、宇多天皇の後援があればこそであった。ところが宇多天皇は八九七年に退位してしまう。宇多天皇が退位の際に残した意見に従い、道真は藤原基経の子、時平《ときひら》の左大臣と並んで右大臣に任命されており、宇多上皇は道真が時平を押さえて政治を主導することを期待していたのだが、皇位を退いた上皇では、十分に道真を後援することができなかった。そのため道真は、学者の身で分不相応に出世したことを妬む学者仲間や廷臣たち、そしてそれと手を組んだ藤原氏により、排斥を受けて左遷され、左遷先の太宰府で、京都を望郷しながら無念の内に病死した。

鎌倉幕府の名執権北条泰時《ほうじょうやすとき》と二人三脚で歩み
両執権と呼ばれる政治体制を生み出した名補佐役

北条時房《ほうじょうときふさ》

北条時房
(1175 ～ 1240)

北条泰時
(1183 ～ 1242)

武家政治の鑑――北条泰時

一二世紀の終わりに成立した武士すなわち武装豪族の連合政権鎌倉幕府では、幕府の首長である将軍は早期に名目的な存在に成り下がり、代わって本来将軍の補佐役であるはずの執権が、政治権力を掌握していった。執権の地位を占めたのは鎌倉幕府創設に大功ある一族北条氏、北条氏は他の有力豪族を権謀術数の限りを尽くして次々追い落とし、幕府の権力を掌握していった。

ところで権謀術数の限りを尽くして権力を私物化したと言われても仕方のない北条氏であるが、その統治は極めて良心的な善政であった。例えば第三代執権北条泰時は道理を愛する清廉な政治家として知られ、彼の政治はその後長らく武士政治の手本として崇敬され、日本社会に深く影響を与え続けた。例えば泰時の意を受けて制定された鎌倉幕府の基本法『御成敗式目《ごせいばいしきもく》』は、鎌倉幕府滅亡を越えて生き延び、続いて成立した武士政権室町幕府でも基本法典として効力を保ち続けた。ちなみに一般民衆にも御成敗式目に対する尊崇の念は広まっており、南北朝時代には御成敗式目を仏像の胎内に納めて祈念の対象としたほどであり、江戸時代には御成敗式目が寺子屋における庶民の読み書きの教材として使われていた。

泰時の協力者時房――泰時執権就任前からの二人三脚

泰時の政治には優れた一人の補佐役がいた。それは北条時房、泰時にとっては叔父に当たる男である。時房は泰時の執権就任以前から、泰時としばしば政治的・軍事的に行動をともにし、様々な難題に協力して対処することが多かった。

鎌倉幕府の軍勢が京都に進軍し、幕府打倒に燃える後鳥羽上皇《ごとばじょうこう》の朝廷軍を粉砕した一二二一年の承久の乱《じょうきゅうのらん》では泰時と時房は幕府軍の総指揮官として入京、乱後は二人ともに京都の六波羅《ろくはら》に留まって、戦後の処理や朝廷の監視、西日本の武士達の統括に当たった。

両執権――次席執権北条時房

一二二四年北条泰時は執権となった。翌一二二五年には幕府創設者源頼朝《みなもとのよりとも》の妻で頼朝死後頼朝に代わるカリスマとなり、北条氏の執権政治を後援してきた北条政子《ほうじょうまさこ》が死去、幕府は創業を支えたカリスマによる権威的支配からの転換を図らねばならなくなった。ここで泰時は、自分に次ぐ次席の執権、後に連署と呼ばれるようになる職務を設置するとともに、評定衆と呼ばれる重要問題の審議会議を開設、集団指導体制を構築したのだが、この時連署に迎えられたのが、承久の乱以来の良き協力者である時房であった。両執権と呼ばれる政治体制の成立である。

北条時房は幕政の指導者としても泰時の良き協力者であった。時房に上位の執権を目指す野心はなく、ひたすら泰時の補佐役に徹し、泰時が病を得たときには、泰時が死んだ場合には自分は辞職して隠遁するとまで語っていた。

室町幕府創始者である英雄足利尊氏《あしかがたかうじ》を補佐して
副将軍のあだ名をつけられた政治実務に優れた賢弟

足利直義《あしかがただよし》

足利直義
（1306 ～ 1352）

足利尊氏
（1305 ～ 1358）

遊び人の兄を政治に引きずり戻す政治家兄弟の賢弟直義——遊びは月に一日だけ

軍事政権室町幕府の創始者足利尊氏は田楽の鑑賞を好んだ。田楽とは中世に流行した楽舞のことで権力者でこれを愛好した者も多い。尊氏らが打倒した軍事政権鎌倉幕府の最高権力者北条高時《ほうじょうたかとき》も田楽鑑賞にうつつを抜かし、政務を怠り、天下の軽侮と反感を買ったという、当時としては曰く付きの芸能でもあった。尊氏はその田楽を大変愛好し、彼の委任を受けて政治を取り仕切る補佐役にして弟の足利直義が政務に関して訪問してきた際、尊氏は田楽見物の真っ最中、直義を応対してくれないという出来事さえあったという。この際の尊氏の言い分は、政治はお前に委任しているのだから、勝手に処理してくれたらよい、年寄りの自分は遊びを慰めに残る余生を過ごしたいというのである。この時、足利尊氏は数々の戦勝を重ねて、政権を樹立したばかり、年齢は三十歳を少し超えたくらいであったが、このような軍事的栄光に輝く若き最高権力者の発言としては、あまりに覇気に欠け、無責任な言い分であった。これに対し直義は兄の無責任を諫めて曰く、田楽は日を定めて鑑賞なさい、そして些事は自分が処理するので、どうか大局的な判断だけは下して欲しい。この諫言の結果、尊氏は毎月三日に田楽鑑賞をすると定めたと言われている。この逸話は、そのまま信用して良いかは怪しいらしいのであるが、彼ら兄弟の関係をよく物語る代物である。政治家足利兄弟の関係は、おおむね兄尊氏がやる気無く君臨し、その下で弟直義が粉骨砕身、補佐役として実務の処理に当たるというものであった。

副将軍足利直義

一三三三年に日本の覇権を握っていた軍事政権鎌倉幕府が崩壊した後、日本を支配したのは後醍醐天皇《ごだいごてんのう》率いる建武《けんむ》政権であった。ここで後醍醐天皇は、武装豪族である武士が政治権力を握る鎌倉幕府時代の政治体制を覆し、天皇専制の新体制を確立することを目指して政治運営を行ったが、その武士を軽視した政権運営はたちまち全国の武士の反感を買った。足利兄弟は後醍醐天皇の鎌倉幕府打倒計画の協力者であったのだが、その生まれは武士の名門であった。となると自然とこのような反武士体制の対抗者たることを、彼らは全国より期待されていく。とはいえ尊氏は、器量と軍事的才幹に優れた一級の名将であるものの、先に紹介した田楽の逸話に端的に表れているように、政治的な意欲や構想に乏しい男。また尊氏は個人的な心情としては、後醍醐天皇に強く惹き付けられていて、後醍醐天皇との敵対にはあまり乗り気になれないのであった。結果、尊氏が全国の武士の期待に応えて自発的・積極的に政治行動に打って出るようなことは期待できない。ここで、このやる気の無い軍事的カリスマ尊氏の側にあって、確固たる信念と卓抜した政治力を発揮し、尊氏を反武士体制の転覆、武士政権樹立へと担ぎ出していったのが、弟直義であった。

そして一三三六年、足利尊氏を頂点とする新たな武士政権室町幕府が成立すると、直義は政務の全般を担当し、軍事を担う兄尊氏との間で一種の二頭政治を実施した。一三三八年足利尊氏は武士の指導者の最高の呼称征夷大将軍の称号を得て、実に加えて名においても武士の頂点に立つのだが、この時同時代の軍記物語『太平記』によれば、将軍尊氏を支える直義は、副将軍に就任したとされる。直義が副将軍に就任したとする『太平記』の記述は誤りであるらしいのだが、世間の人々が、室町幕府の政治と、直義の地位についてどのように認識していたかを物語る記述ではあろう。世間は直義のことを室町幕府の明白なナンバー2、副将軍と認識していたのである。

直義の政治姿勢

直義は正義と道理を重んじる公正な政治家であり、正義と道理を求めて厳格な政治姿勢を貫いた。彼は地方長官である守護の非法を聞いては死ぬほどの苦痛を感じ、越後の国の守護が法の通りの統治を行っていると知れば、それによって生き延びた心地になるような男であった。彼は巨大な武勲を誇る功労者さえ、法を犯せば容赦なく処刑する男であった。青野原の戦いという足利軍の危機を救った決戦において最高殊勲者となった武将土岐頼遠《ときよりとお》は、天皇の行列に暴言を吐き、狼藉を働くという罪を犯したが、直義の命で過去の武勲にもかかわらず容赦なく斬り殺された。兄尊氏が政治的な意欲に乏しく、臣下の罪や裏切りさえ大して気にとめない、寛大に過ぎる男であったから、直義の厳格さは、室町幕府が政権としての機能を維持するためには、必要不可欠なものであったろう。

兄弟対立と不審な死

弟直義は政治力はあるが軍事的才幹を欠き、武将としては戦えば負けるといった有様、かたや兄尊氏は戦えば勝つ名将中の名将であるが、政治的には意欲と構想を欠いている。兄弟は互いを相補う、理想的な関係であったのだが、しかしこの兄弟は生まれた時代が余りに悪かった。時代の流れは、この互いを補完者として必要とする兄弟の間さえ、やがて引き裂いてしまうことになる。

時代背景に少し触れよう。鎌倉幕府と室町幕府という二つの武士政権の間に、一時とはいえ、建武政権という反武士政権が成立し得たのは、当時の経済的発展を背景に、商工業者という新興勢力が台頭、旧来の武装豪族中心の政治に反感を募らせていたからであった。そして新たな武士政権が覇権を握った後も、それら新興勢力と武士勢力の潜在的な対立関係は全く解消していない。直義の政治が武士を手厚く扱う陰で、新興勢力は反感を募らせ、巨大な反対勢力を形成、尊氏の下で執事として権力を振るう高師直《こうのもろなお》の下に結集していった。そして幕府の頂点に君臨する尊氏は、もとより政治的な意欲に乏しい男、師直の権勢増大や幕府内部の派閥対立といった細かな問題を気にかけて、積極的に介入や調停を行うようなことはしない。かくして直義と師直の対立は、時が経つにつれ先鋭化し、やがて一三四九年、二人の対立は互いに命を狙い合うところまで発展した。そしてこの年の内に、ついに尊氏までが師直に担がれて、弟直義を敵視するようになり、以降、兄弟は互いに軍を率いて相争い、殺し合う関係に陥ったのである。尊氏が師直に担がれた理由としては、直義の存在が、長男義詮《よしあきら》への権力承継の障害となることを懸念する尊氏の父としての心情を、師直が巧く利用したのではないかと推測されている。

やがて直義は一三五一年に尊氏に降伏するが、翌五二年、突然不審な死を遂げた。世間には黄疸によって病死したと公表されたが、尊氏によって毒殺されたとの噂が囁かれた。

豊臣秀吉《とよとみひでよし》に才能を賞賛され「天下の三陪臣」と
呼ばれた戦国時代の諸大名家の名補佐役たち

小早川隆景《こばやかわたかかげ》
&直江兼続《なおえかねつぐ》&堀直政《ほりなおまさ》

小早川隆景
(1533～1597)

天下の三陪臣

あまり信憑性の高い逸話ではないのだが、一六世紀に日本の戦国時代を統一した英雄、豊臣秀吉は「陪臣にて、直江山城、小早川左衛門、堀監物《けんもつ》は天下の仕置をするとも仕兼間敷者なり」と語ったことがあると言われる。陪臣とは臣下の臣下のことであり、ここで秀吉は自分に臣従する地方政権である大名のそのまた臣下の中に、日本全体の政治権力を握るに足りる才覚の持ち主が三人いると語っているのである。直江山城とは北陸、東北地方に大勢力を誇った上杉家を支えた直江兼続のこと、小早川左衛門とは中国地方の大勢力毛利《もうり》家に支えた小早川隆景のこと、堀監物とは北陸の堀家に仕えた堀直政のことである。天下を仕置できるとまで言われる優れた才覚を誇りながら、それぞれ地方政権の補佐役として生きたこれら三名のことを、天下の三陪臣と呼ぶことがある。

時勢を読んで主家を良く導いた名補佐役――小早川隆景

小早川隆景は一代で中国地方に大勢力を築き上げた知謀の武将毛利元就《もうりもとなり》の息子であり、仁政を敷く名行政官、知略に富んだ名将として、父元就の勢力拡大を助けた。元就の死後はその後を継いだ輝元《てるもと》、元就の孫すなわち隆景にとっての甥をよく補佐し、その領土をよく守り抜いた。

隆景のとりわけ大きな功績としては、毛利家と豊臣秀吉の関係をきわめて良好な状態に保ったことが挙げられる。織田信長《おだのぶなが》の部将であった秀吉は、織田軍を指揮して毛利家と戦争していたことがあるが、その戦争の最中反乱によって信長が討たれたことを知るや、急遽毛利家と和平を結んで迅速に反乱を討伐、これをきっかけに信長の勢力を信長の息子や他の有力家臣を差し置いて継承、そこから日本統一の英雄へと駆け上がっていったのである。ところで信長の死を知ったとき、秀吉と戦っていた毛利家では、反乱討伐に反転した秀吉の背後を追撃しようという意見が、当然持ち上がることになった。しかし隆景はそれを押さえて秀吉との和平を堅持した。天下の統一が避けられぬという時勢、敵将秀吉の才覚、天下を争うには足りぬ主君輝元の器量、様々な要素を考慮しての決断であると思われるが、この賢明な決断は毛利家に大きな利益をもたらした。これ以後秀吉と隆景、毛利家の関には非常に良好な関係が続き、毛利家は豊臣政権下で大きな勢力を誇ることになった。

秀吉の小早川隆景に対する信任は非常に厚く、隆景も豊臣政権の天下統一戦争に参戦して数々の戦功を立て、結果、隆景は秀吉に非常に重用された。隆景は、毛利家の補佐役を務め続ける一方で、秀吉から大領地を与えられ、独立の大名としての地位も併有するに至った。その上隆景は、豊臣政権の重臣格として日本全体の政治運営の枢機にも参画するようになった。

ところで秀吉と極めて密接な関係を築き。独立の大名としての立場さえ与えられた小早川隆景であるが、そのせいで毛利家に対する忠節がゆがめられることはなかった。晩年の秀吉が実子秀頼《ひでより》の誕生を契機に、それまで後継者候補として可愛がっていた養子達を、各地の大名家に押しつけ始めた時、ちょうど世継ぎのいなかった毛利家にも養子の一人秀秋《ひであき》が押しつけられそうになった。主家が縁もゆかりもない秀秋のものとして奪い取られる、その危機に対し、隆景は自らの利益をうち捨てて、立ち向かった。隆景は秀吉に、秀秋を小早川家の養子に迎えたいと懇願、隆景ほどの知将が可愛い養子の

上杉景勝
（1556 ～ 1623）

直江兼続
（1560 ～ 1619）

親になってくれるという事実に大喜びした秀吉はこれを承諾、毛利家は守られたのである。

小早川隆景は一五九七年に死んだが、その後関ヶ原の戦いに帰結する豊臣政権の内乱で、隆景無き毛利家は、豊臣家と反乱軍の間で非常に下手な立ち回りをする。豊臣方に属しながら、その勝利のために力を尽くさず、その怠慢で反乱軍の勝利を招き、勝利した反乱者徳川家康により、その領地を大きく削減されてしまったのである。

ところで小早川隆景は学問を好んだことでも知られ、晩年学校を作って若者を学ばせるなどした。

産業を奨励し文化を振興し主家の基盤を固めた名補佐役――直江兼続

直江兼続は北陸に勢力を誇る上杉景勝《うえすぎかげかつ》の家臣で、先代である上杉謙信《うえすぎけんしん》の頃から上杉景勝の側近として仕えた。彼が景勝側近として二〇歳前後で領地経営に関する文書を発給していたことが知られている。やがて景勝が謙信の跡を継ぐと、その下で兼続は家宰の地位を占め、強力な権限を与えられて、上杉家直轄領の管理や土地測量の執行に当たった。また兼続は軍事的才幹も優れており、知将として知られている。

上杉家は豊臣家の内乱においては豊臣方について戦い、結果、徳川家康によってそれまでの大勢力を縮小・移転され、領地の石高は一二〇万石から三〇万石と、わずか四分の一にまで縮減した。この困難な状況下、上杉家の政治運営の舵を取る兼続は、新たな統治体制の確立と国力の向上に力を注いだ。彼は新田開発や堤防・灌漑用水の整備、特産品栽培の奨励、各種産業の開発などを行った。

また直江兼続は古典籍の収集に熱心であるなど、文化的な素養に富んでいたことでも知られているが、出版事業や学問所の設置、詩歌連句の会の開催等によって、上杉領の学問・文化を振興している。

若き日の約束に従い、従兄の家臣となって以後三代を助けた名補佐役――堀直政

堀直政は堀秀政《ほりひでまさ》以下三代に渡って堀家に仕えた名補佐役であった。堀秀政は豊臣秀吉の天下取りを大いに助けながら三八歳の若さで病死した人物で、堀家は秀吉政権下北陸に領地を与えられていた。

堀直政は元の姓を奥田と言った。彼は堀秀政の従弟であり、信憑性に疑問はあるものの、この二人は若き日にいずれか出世した方に他方が仕えるという約束をしていたとの逸話が残されている。直政は秀政に仕えて堀家の政治を取り仕切り、やがて堀の姓を与えられた。軍事面でも彼は華々しい戦功を挙げている。この他、乱心した家臣に秀政が斬りつけられた時、離れた場所にいながら真っ先に駆

堀直政
（1547 ～ 1608）

けつけて乱心者を斬り倒したという手柄も、直政には存在している。

　秀政は秀吉の小田原城攻囲戦に参戦しながら、戦いの最中に陣没したが、このとき直政は堀家の軍をまとめて戦い、その後は若年の後継ぎ秀治《ひではる》に代わって、直政が軍務・政務を指揮することになった。秀治が死んだ時もまた、直政は若年の後継ぎ忠俊《ただとし》をよく補佐している。

　直政は大名である堀家の重臣を務める一方で、自らも北陸に領地を持つ大名であった。

豊臣秀吉《とよとみひでよし》の天下取りを支えた忠実万能な異父弟

豊臣秀長《とよとみひでなが》

豊臣秀長
(1540 ~ 1591)

豊臣秀吉
(1537 ~ 1598)

「内々の儀は宗易《そうえき》、公儀の事は宰相存じ候」

一五八六年、豊後の戦国大名大友宗麟《おおともそうりん》が、天下統一へあと一歩と迫る覇者豊臣秀吉の好意を求めて大阪を訪ねた際、宗麟と会見した秀吉の弟秀長が発した言葉である。

この時秀長は、大勢の目の前で親しく宗麟の手を取りながら、豊臣政権の内々の問題は宗易すなわち千利休《せんのりきゅう》が、公の政治問題は宰相すなわち秀長が心得ている、何か問題があれば遠慮無く自分に相談されよと、宗麟に語りかけたのである。秀長は兄秀吉の全幅の信頼を受けて天下の政治問題全般に関与する豊臣政権のナンバー2実力者であり、彼自身そのことを自負し、公言していたのだ。

歴史に登場した時には既に兄の片腕

この秀吉の片腕豊臣秀長が歴史上に確かな姿を現すのは一五七四年のこと。信憑性を高く評価される歴史書『信長公記《しんちょうこうき》』が記す織田信長の伊勢長島攻めにおいてである。このとき後の秀長こと木下小一郎長秀《きのしたこいちろうながひで》は、越前敦賀に進軍中であった兄秀吉の代理として伊勢に派遣され、織田軍の一武将として長島攻めに参加したのである。ここで既に彼は、織田家の有力部将羽柴藤吉郎秀吉《はしばとうきちろうひでよし》の片腕を務める武将であった。

だがそこに至る若き秀長の人生については、確かなことはほとんど分からない。なにせ秀長が木下弥右衛門《きのしたやえもん》を父とする秀吉の同父弟なのか、竹阿弥《ちくあみ》を父とする異父弟なのかすらはっきりしない。

信憑性の高い資料が彼を秀吉の異父弟と呼ぶことから、長らく異父弟とされてきたが、秀長の誕生年に弥右衛門が生きていることからすれば同父弟と見る方が説得力があるのである。そして若き秀長が兄を補佐して挙げた数多の功績については、小説等で著名なものの、良質な資料を欠き、歴史的事実としての信憑性に乏しい。

木下小一郎伝説

とはいえ信憑性の乏しい伝説も、広く親しまれている以上、豊臣秀長という歴史的キャラクターを構成する重要要素とは言える。信憑性の乏しさをわきまえた上でならば、知っておく価値はあるし、それを楽しんでも罪はない。以下、秀長の青年期についての伝説の主立った部分を紹介しておこう。

一五六二年百姓としてつつがなく日々を送り、侍になることなど夢にも思ったことの無かった秀長の元に、足軽百人組組頭となった秀吉が突如現れ、鍬を捨て力を貸して欲しいと懇願、秀長は秀吉の部下となる。

一五六五年秀長は秀吉の鵜沼城《うぬまじょう》攻めに加わり、初めて本格的な合戦に参加する。この戦いで秀吉は、兵三百人を率いる長井隼人佐《ながいはやとのすけ》の攻撃を受け、窮地に陥ったが、秀長は部下を率いて側面から長井勢を突き、兄を救う。

一五六六年秀吉は土豪の蜂須賀小六《はちすかころく》らの協力を得て墨俣に一夜城を構築。この際、小六らが味方に付いたのは、秀長の朴訥仁義に厚い人柄に惚れ込んだからであった。

一五七〇年越前朝倉《あさくら》攻めからの織田軍の退却戦で秀吉は殿軍を務めたが、この際秀長は三段構えの秀吉勢の最前線第一段の将として奮戦した。

秀長の西日本制圧

歴史事実としての秀長の業績に話を戻そう。既に一五七四年の段階で秀吉の片腕と言ってよい状態にあった秀長であるが、一五七七年以降の活躍は目覚ましい。天下統一を狙う織田信長は、この年中国地方の覇者毛利氏との対決に向けて秀吉を播磨制圧に派遣、播磨を対毛利の拠点とする計画である。これに際し秀長は、秀吉と地域を分担、秀吉の播磨制圧と平行して隣国但馬を制圧した。

そして一五八〇年の播磨但馬制圧完了後、秀吉が中国方面での毛利氏との本格的な戦いに入ると、秀長は山陰方面の作戦の司令官として一層の活躍を見せた。山陰における著名な戦いとして鳥取城包囲戦があり、秀吉の巧みな攻城戦として史上に名高いが、これは実質的には秀長が指揮したものである。なお秀長の活動は山陰方面に限られず、時に山陽側で作戦を指揮する秀吉の支援に駆けつけることもあった。

その後一五八二年に織田信長が死ぬと織田政権は動揺、以後、しだいに秀吉が権力を掌握し、信長の果たせなかった天下統一を達成することになるのだが、この過程で秀長はさらに多くの功績を立てる。秀長は秀吉の指揮した様々な戦いに部隊を率いて参加しているし、それのみならず秀吉に代わって大作戦の指揮を執ることさえあった。それら功績の中でとりわけ大きなものは四国攻めと九州攻めであろう。一五八五年の四国攻めでは、秀長は病み上がりの秀吉に代わって四方面八万の総軍の総大将を務め、自らは潮流急速な海の難所鳴戸を押し渡り、讃岐阿波を制圧、たちまち四国の覇者長宗我部元親《ちょうそかべもとちか》を降伏に追い込んだ。一五八七年の九州攻めでは、副将であった秀長は総大将秀吉に先行して九州に入り、たちまち九州の覇者島津《しまづ》氏を圧倒、秀吉自らはほとんど戦うことなく、九州攻めは終わった。

政治家秀長

政権ナンバー2を務めたほどの人物であるから、秀長は政治手腕にも長けていた。秀長は、海に海賊が跋扈し、山に山賊がはびこる紀伊・和泉、および反抗的な寺社勢力の根強い大和、三カ国合計七十余万石を領地とするに至るが、これら治め難い国々をよく治め、兄の期待に応えた。また秀長が経済感覚に優れ、莫大な金銀を遺したことも、優れた点として特筆してよい。もっとも秀長が蓄財に熱心な余り、良からぬ臣下を抱え、臣下の暴利行為が秀吉の怒りを買って、秀長まで叱責を受けるという事もあったのであるが。

早すぎる死

秀長は一五八七年終わり頃より病気がちとなっていたが、一五九一年に病死した。

秀長は寛仁大度の人であった。法を厳格に用い、下に臨んで峻烈な兄秀吉の欠点を、秀長は温厚な人柄によってよく補い、諸大名で秀長の取りなしにより安全を確保した者が少なくなかった。政権樹立に大功を立てるのみならず、その人柄・器量によって政権の求心力を維持する役割を果たしていたと言える。秀吉より四歳年下のこの賢弟が、兄より七年も早く、五一歳の若さで没したことは、豊臣政権のその後にとって最大の痛恨事だったろう。一五九八年の秀吉の死後たちまち豊臣政権は分裂を始め、わずか二年で支配力を喪失するが、秀長が寿命に恵まれればこうはならなかったとは、昔からよく言われるところである。

明治大帝と協力して日本を近代立憲国家に
押し上げた明治日本の最高功労者

伊藤博文

伊藤博文
(1841 ~ 1909)

明治大帝
(1852 ~ 1912)

憲法制定の父

日本の国会には中央広間の一角と参議院前庭という二つの場所に、ある一人の政治家の銅像が建てられている。一国の立法府において、一人の人物の像が複数設置されるのは異例なことだという。その異例の尊崇を受ける人物が伊藤博文である。

日本が圧倒的な力を持つ西洋近代文明と衝撃的な出会いを果たした一八五三年の黒船来寇、それからわずか半世紀にして日本は近代化の実を挙げ、列強の一角を占める。この間、国内体制としては大日本帝国憲法の制定による立憲制、議会制の確立等が果たされている。伊藤博文はこの激動の時代にあって、四度も首相を務め、憲法立案の中心となり、明治天皇の信任厚い国政の最大の実力者として開明的な政策を推進、日本を近代国家へと押し上げた。彼は憲法制定の父であり、近代日本成立の最大の功労者であった。

生まれは下層

後に地位と名声を極めた伊藤だが、その生まれは下層に属する。彼はあまり豊かでない農民の子であった。彼の父林十蔵《はやしじゅうぞう》の所有地は田五段、畑二段、山林六段であったが、農民としてそこそこの暮らしをするには、この倍の広さの田が必要で、五段百姓という侮蔑語さえ存在する。しかも一八四六年十蔵は破産した。

ところがこの破産は伊藤に幸運をもたらした。破産した十蔵は生計のため足軽すなわち下級武士の伊藤直右衛門《いとうなおえもん》に仕えるが、その信頼を得て一八五四年、家族ぐるみで直右衛門の養子に迎えられる。直右衛門は八〇歳の高齢になろうというのに跡継ぎがなかったのだ。これにより博文は下級武士となり、おかげで教育と立身の機会を与えられ、勉強熱心さや快活さ実直さなどを周りから評価されることになった。

テロリスト伊藤

ところで若き伊藤博文は後の開明派の大政治家とはとても思えない姿を曝す。この頃日本は西洋列強の圧倒的な軍事力を前に屈辱的な外交を強いられていた。故に国粋主義的な武士達による攘夷、すなわち外国人排斥の動きが活発化したのだが、伊藤は排外主義者としてテロリズムを実行し、その手を血に染めてさえいる。伊藤は開国派の政治家長井雅楽《ながいうた》暗殺未遂事件に参与したのを皮切りに、一八六二年には品川のイギリス公使館焼き討ちに参加、さらにその数日後反愛国的な研究を行っているとの誤伝を信じ、国学者塙次郎《はなわじろう》を同志の山尾庸三《やまおようぞう》とともに斬殺した。

開眼——政治家伊藤博文

伊藤はまもなく開国主義者に転向する。彼は排外主義者として敵を知ることを欲し、イギリス留学を望んでいたが、一八六三年、願いは叶う。ところがイギリスで圧倒的な西洋列強の文明、国力を目の当たりにし、伊藤は攘夷の考えをあっさりと捨てた。以後伊藤は西洋通・開明派として活躍を続け、明治政府が成立し、日本が近代化に邁進し始めた一八六八年には、急進的な開明派官僚として新政府の中に地位を占めた。

伊藤は新政府内で政治・外交に携わる内に現実的漸進的な政治姿勢を身につけ、着実に政治的実力と地位を高めていった。彼は明治政府の中心者大久保利通《おおくぼとしみち》の信頼も厚く、政府内で大久保に次ぐ地位を占めるようになっていったが、一八七八年大久保が暗殺に倒れると、伊藤が明治政府の中心となる。

立憲政治家――伊藤博文

政府の新中心となった伊藤は先述のように憲法制定を主導し、日本に立憲制と議会制を確立していく。立憲制とは簡単に言えば国家権力に合理的な制約を課すことで国民が国家によって害されるのを防ぐ制度のことで、重要な政治過程に国民を参加させる議会制と親和性が高いが、これら両制度は近代的な文明国の象徴であった。日本が西洋先進諸国と対等に伍していくためには、是非ともこれら制度を確立せねばならない。伊藤も早くよりその必要を認識し、理念としては、既に一八七一年に国会開設論を唱えていた。

一八八一年、国会開設を望む世論の高まりに押され、政府は天皇の名で一〇年後の国会開設を宣言する。この頃、立憲制、議会制をめぐる国内の議論の状況は、一方の極には政府内の反動主義者、他方の極には現実感覚のない在野政党の急進論があって、様々に主張が入り乱れていた。この状況下、政府の中心者伊藤にとっては、両の極論を抑止し、開明的でありながら現実的な制度設計を可能にするだけの憲法理論・政治理論の体得が急務であった。そのため一八八二年から翌年にかけて、伊藤は自らヨーロッパに滞在し、憲法と行政を研究する。そしてその成果を活かし、伊藤主導で一八九〇年大日本帝国憲法が成立、日本は立憲制、議会制を導入した。

その後、東洋の後進国に議会運営は無理であろうとの国際的注視の中、日本は議会の運営に成功する。議会と政府はしばしば対立し、政府内からは議会で吼える政党勢力への弾圧など反動的な動きが生じ、憲法停止の声さえ挙がった。だが伊藤は優れた識見と指導力で反動主義を抑え、憲法の停止を回避した。

ところで議会制の運営には事実上政党の発展が不可欠である。伊藤は政党の重要性もいち早く認めており、政党の育成に関心を向けていった。伊藤は早くも一八九二年には政党結成を企てており、一八九八年にも政党結成を計画した。そして一九〇〇年、今度は計画に止まらず、伊藤を総裁として立憲政友会が成立、これは日本初の政権担当能力を有する責任政党として、その意義を高く評価されている。

伊藤博文と明治天皇

伊藤の活躍は明治天皇の厚い信任によって支えられていた。天皇は伊藤の意向を容れて憲法学の講義を受け、立憲政治の精神を体得、伊藤と歩調を合わせて立憲政治、議会政治の確立に意を注いだ。明治天皇は日常的には政治関与を避けつつ、危機的な政治対立の際には公正巧妙な調停者として活躍、立憲体制下の名君として見事な振る舞いを見せた。その上、明治天皇は伊藤の政党育成すら後援した。立憲政友会には天皇から秘密裏に多額の資金が下賜されており、立憲政友会はいわば明治天皇の勅許政党であった。

伊藤は一九〇九年テロリストの凶弾に倒れたが、天皇は伊藤の暗殺で非常に気落ちし、もともと生活習慣病で不良だった体調を、著しく悪化させ、以後急速に老境に入っていったとの証言さえある。

【コラム⑧】制度としての補佐役

歴史上には、指導者を頂点に戴きつつ、部下として組織運営全般を掌握する補佐役的な地位を制度化している例が、広く見られる。その地位が必ずしも名目通りのものであるとは限らず、単なる名誉職であったり、ナンバー1権力者であったりすることもあるのだが、そのような制度上の補佐役について知ることも、補佐役や組織のあり方を考える上で、有益なことであろう。ここでは世界史上に現れたその種の補佐役的役職について広く見回してみたい。

まずこの手の役職の代表例としては、首相が挙げられる。首相は要は主席宰相のことであって、国王や大統領といった最高指導者の下で、内閣すなわち大臣会議の首班を務め、行政を取り仕切る役職である。日本史上では、首相の前身とでも言うべき地位として、長らく太政大臣が存在したが、太政大臣は実際には歴史上のほとんどの時期において単なる名誉職にとどまった。とはいえ日本史上に権力を伴う補佐役的役職が存在しなかったわけではなく、天皇の下には摂政・関白が存在したし、将軍の下には執権や管領、大老といった政務全般を掌握する建前の役職が存在した。

この他、中国には皇帝を補佐する行政首長が丞相や尚書令など様々な名称で設置されていたし、イスラム世界には大宰相や侍従といった役職が、複数の宰相の中心的役職として存在した。ヨーロッパだと中世フランク王国の最高行政官職である宮宰が著名なところだろう。

参考文献

Wm. Blake Tyrrell, *"Biography of Titus Labienus, Caesar's Lieutenant in Gaul"* Diss. Michigan State Univ.

"Boatswain John Young: his adventures in Hawaii recalled"

（http://query.nytimes.com/mem/archive-free/pdf?_r=1&res=990CE5D61F3BE532A25757C1A9649C94679FD7CF）

William Smith, *Dictionary of Greek and Roman Biography and Mythology,* LITTLE BROWN ANS COMPANY

E.J. Brill's *First Encyclopedia of Islam, 1913-1936,* Brill Academic Publishers

Encyclopaedia Britannica

ARCHIE P. McDONALD ed., *ENCYCLOPEDIA USA,* ACADEMIC INTERNATIONAL PRESS

Raymond Detrez, *Historical Dictionary of Bulgaria Second Edition,* The Scarecrow Press

Robert H. Davis, *HISTORICAL DICTIONARY OF COLOMBIA Second Edition,* The Scarecrow Press

Alastair H. Thomas, and Stewart P. Oakley, *Historical Dictionary of Denmark,* The Scarecrow Press

Tom Killion, *Historical Dictionary of Eritorea,* The Scarecrow Press

David H. Shinn, and Thomas P. Ofcansky, *Historical Dictionary of ETHIOPIA New Edition,* The Scarecrow Press

Chris Prouty, and Eugene Rosenfeld, *Historical Dictionary of ETHIOPIA and ERITREA Second Edition,* The Scarecrow Press

Steven Bela Vardy, *Historical Dictionary of Hungary,* The Scarecrow Press

Surjit Mansingh, *HISTORICAL DICTIONARY OF INDIA,* The Scarecrow Press

Robert Ctibb, and Audrey Kahin, *Historical Dictionary of Indonesia Second Edition,* The Scarecrow Press

Mark F. Gilbert, and K. Robert Nilsson, *Historical Dictionary of Modern Italy,* The Scarecrow Press

Arend H. Huussem Jr., *Historical Dictionary of Netherlands,* The Scarecrow Press

Rbert.D.Craig, *Historical Dictionary of Polynesia Second Edithion,* The Scarecrow Press

Douglas L. Wheeler, *Historical Dictionary of Portugal Second Edition,* The Scarecrow Press
Kurt W. Treptow, and Marcel Popa, *Historical Dictionary of Romania,* The Scarecrow Press
Irene Scobbie, *Historical Dictionary of Sweden,* The Scarecrow Press
Harold E. Smith, and Gayla S. Nieminen, May Kyi Win, *Historical Dictionary of Thailand Second Edition,* The Scarecrow Press
Bruce M. Lockhart, and William J. Duiker, *Historical Dictionary of Vietnam Third Edition,* The Scarecrow Press
Michael Roberts, *Profiles in Power Gustavus Adolphus Second Edition,* LONGMAN
RICHARD L. BLANCO, and PAUL J. SANBORN eds., *The AMERICAN REVOLUTION 1775-1783 An Encyclopedia,* GARLAND PUBLISHING
The Governor Of South Carolina(http://www.byrnesscholars.org/history/govship.php)
Trevor N. Dupuy, and Curt Johnson, and David L. Bongard *THE HERPER ENCYCLOPEDIA OF MILITARY BIOGRAPHY CASTLE BOOKS*
Michael Rice, *Who's Who IN ANCIENT EGYPT,* ROUTLEDGE

高柳光壽『足利尊氏』春秋社
野村達郎編著『アメリカ合衆国の歴史』ミネルヴァ書房
猿谷要編『アメリカ史重要人物１０１』新書館
斉藤眞、金関寿夫、亀井俊介、阿部斉、岡田泰男、荒このみ、須藤功監修『アメリカを知る事典』〔新訂増補〕平凡社
バーナード・ルイス、林武、山上元孝訳『アラブの歴史』みすず書房
フィリップ・K・ヒッティ、岩永博訳『アラブの歴史』講談社学術文庫
大牟田章『アレクサンドロス大王　「世界」をめざした巨大な情念』清水新書
フラウィオス・アッリアノス、大牟田章訳『アレクサンドロス東征記およびインド誌　本文篇・注釈篇』東海大学出版会
小池滋、青木康編『イギリス史重要人物１０１』新書館
小林章夫『イギリス名宰相物語』講談社現代新書

森田鉄郎『イタリア民族革命の使徒マッツィーニ』清水新書
瀧井一博『伊藤博文　知の政治家』中公新書
伊藤之雄『伊藤博文　近代日本を創った男』講談社
寺田和夫『インカの反乱』思索社
ロミラ＝ターパル、辛島昇、小西正捷、山崎元一訳『インド史』みすず書房
K．M．パニッカル、坂本徳松訳『インドの歴史』東洋経済新報社
森護『英国王室史話』大修館書店
松村赳、富田虎男編著『英米史辞典』研究社
岡倉登志『エチオピアの歴史──〝シェバの女王の国〟から〝赤い帝国〟崩壊まで──』明石書店
石川栄吉、越智道雄、小林泉、百々佑利子監修『オセアニアを知る事典』平凡社
谷口克広『織田信長家臣人名辞典　第2版』吉川弘文館
ロザリオ・ロメーオ、柴野均訳『カヴールとその時代』白水社
カエサル、國原吉之助訳『ガリア戦記』講談社学術文庫
大島直政『ケマル・パシャ伝』新潮選書
小澤重男訳『元朝秘史』岩波文庫
『国史大系』経済雑誌社
ピーター・クレイトン、吉村作治監修、藤沢邦子訳『古代エジプト　ファラオ歴代誌』創元社
フィリップ・マティザック、本村凌二監修、東眞理子訳『古代ローマ歴代誌　7人の王と共和政期の指導者たち』創元社
尾鍋輝彦『最高の議会人　グラッドストン』清水新書
小島英記『宰相リシュリュー』講談社
高島俊男『三国志　きらめく群像』ちくま文庫
シルレル、渡辺格司訳『三十年戦史』岩波文庫
司馬遷、野口定男、近藤光男、頼惟勤、吉田光邦訳　『史記』平凡社

カウティリヤ、上村勝彦訳『実利論』岩波文庫
ホセ・ルイス・サルセド＝バスタルド、水野一監訳『シモン・ボリーバル　ラテンアメリカ解放者の人と思想』春秋社
神代修『シモン・ボリーバル　ラテンアメリカ独立の父』行路社
尾崎秀樹編『集英社版　人物　中国の歴史１０　人民中国の歴史』集英社
ディック・ウィルソン、田中恭子、立花丈平訳『周恩来　不倒翁波乱の生涯』時事通信社
『週刊朝日百科　世界の歴史』朝日新聞社
マックス・ヴェーバー、脇圭平訳『職業としての政治』岩波文庫
アンリ・トロワイヤ、工藤庸子訳『女帝エカテリーナ』中公文庫
『人物世界史』山川出版社
ヴォー・グエン・ザップ『人民の戦争・人民の軍隊　ヴェトナム人民軍の戦略・戦術』眞保潤一郎／三宅蕗子訳　中公文庫BIBLIO
土屋健治「スカルノとハッタの論争」（『東南アジア研究』9巻1号）
『スーパー・ニッポニカ Professional』小学館
池上岑夫、牛島信明、神吉敬三、金七紀男、小林一宏、ファン・ソペーニャ、浜田滋郎、渡部哲郎『スペイン・ポルトガルを知る事典』【新訂増補】平凡社
陳寿、今鷹真・井波律子・小南一郎訳『正史三国志』ちくま学芸文庫
山田昌弘『世界各国女傑列伝　全独立国から代表的な女性を一人ずつ紹介』社会評論社
B・H・リデルハート、森沢亀鶴訳『世界史の名将たち』原書房
伊藤政之助『世界戦争史』原書房
『世界の戦史』人物往来社
『世界の戦争』講談社
名尾良辰『世界歴史譚第二十九編　クリスピー』博文館
森三樹三郎、宇都宮清吉訳『世説新語　顔氏家訓』平凡社
常石茂、大滝一雄編訳『戦国策・国語（抄）・論衡（抄）』平凡社

峰岸純夫、片桐昭彦編『戦国武将・合戦事典』吉川弘文館
川口素生『戦国名物家臣列伝』学研M文庫
アーサー・フェリル、鈴木主税、石原正毅訳『戦争の起源』河出書房新社
鈴木邦夫「一八六〇年におけるクリスピ」（『イタリア学会誌　第３４号』）
田久保忠衛『戦略家ニクソン　政治家の人間的考察』中公新書
下斗米伸夫『ソ連＝党が所有した国家　１９１７〜１９９１』講談社選書メチエ
イアン・ショー、ポール・ニコルソン、内田杉彦訳『大英博物館　古代エジプト百科事典』原書房
日本タイ学会編『タイ事典』めこん
呉士連『大越史記全書』（http://www.nomna.org/du-an-nom/dai-viet-su-ki-toan-thu）
色摩力夫『黄昏のスペイン帝国　オリバーレスとリシュリュー』中央公論社
菊池良生『戦うハプスブルク家―近代の序章としての三十年戦争』講談社現代新書
加藤九祚『中央アジア歴史群像』岩波新書
小松久男、梅村坦、宇山智彦、帯谷知可、堀川徹編『中央ユーラシアを知る事典』平凡社
狩野直禎『中国「宰相・功臣」１８選　管仲、張良から王安石まで』ＰＨＰ文庫
守屋洋『中国宰相列伝』現代教養文庫
井波律子編『中国史重要人物１０１』新書館
貝塚茂樹『中国の歴史』岩波新書
陳舜臣『中国の歴史』講談社文庫
サティーシュ・チャンドラ、小名康之、長島弘訳『中世インドの歴史』山川出版社
木崎良平『帝政ロシアの巨星　ピーター大帝』清水新書
渡部昇一『ドイツ参謀本部』中公文庫
伊東孝之、直野敦、萩原直、南塚信吾監修『東欧を知る事典』平凡社
石井米雄、高谷好一、前田成文、土屋健治、池端雪浦監修『東南アジアを知る事典』平凡社

石井米雄監修、土田健治、加藤剛、深見純生編『東南アジアを知るシリーズ　インドネシアの事典』角川書店
石井米雄、吉川利治編『東南アジアを知るシリーズ　タイの事典』同朋舎出版
石井米雄監修、桜井由躬雄、桃木至朗編『東南アジアを知るシリーズ　ベトナムの事典』角川書店
竺沙雅章『独裁君主の登場　宋の太祖と太宗』清水新書
新人物往来社編『豊臣秀長のすべて』新人物往来社
カエサル、國原吉之助訳『内乱記』講談社学術文庫
リチャード・ニクソン、福島正光訳『ニクソン　わが生涯の戦い』文藝春秋
谷口克広『信長軍の司令官　部将たちの出世競争』中公新書
谷口克広『信長・秀吉と家臣たち』学研新書
ニールソン・C・デベボイス、小玉新次郎、伊吹寛子訳『パルティアの歴史』山川出版社
パムレーニ・エルヴィン、田代文雄、鹿島正裕訳『ハンガリー史』〈増補版〉恒文社
加納邦光『ビスマルク　人と思想182』清水書院
土肥恒之『ピョートル大帝とその時代　サンクト・ペテルブルグ誕生』中公新書
礪波護『馮道　乱世の宰相』中公文庫
田村圓澄『藤原鎌足』はなわ新書
岡倉登志『二つの黒人帝国（新しい世界史6）』東京大学出版会
C・L・R・ジェームズ、青木芳夫監訳『ブラックジャコバン　トゥサン＝ルヴェルチュールとハイチ革命』大村書店
ミシュレ、大野一道、立川孝一監修『フランス史　Ⅳ　17世紀　ルイ14世の世紀』藤原書店
『プルターク英雄伝』河野与一訳　岩波文庫
渡辺世祐『豊太閤の私的生活』講談社学術文庫
ジェラール・レ・クアン『ボー・グエン・ザップ　ベトナム人民戦争の戦略家』寺内正義訳　サイマル出版会
辛島昇、前田専学、江島恵教、応地利明、小西正捷、坂田貞二、重松伸司、清水学、成沢光、山崎元一監修『南アジアを知る事典』平凡社

フランシス・ロビンソン、小名康之監修、月森左知訳『ムガル皇帝歴代誌』創元社
伊藤之雄『明治天皇　むら雲を吹く秋風にはれそめて』ミネルヴァ書房
岡谷繁実『名将言行録』牧野書房
武田龍夫『物語　スウェーデン史――バルト大国を彩った国王、女王たち――』新評論
小倉貞男『物語 ヴェトナムの歴史　一億人国家のダイナミズム』中公新書
加藤隆浩、高橋博幸編『ラテンアメリカの女性群像　その生の軌跡』行路社
大貫良夫、落合一泰、国本伊代、福嶋正徳、松下洋監修『ラテンアメリカを知る事典』平凡社
フランソワ・トレモリエール、カトリーヌ・リシ編、樺山紘一日本語版監修『ラルース　図説　世界史人物百科』原書房
『歴史群像シリーズ　17・18　三国志　上・下』学研
『歴史群像シリーズ25　チンギス・ハーン　上巻』学研
劉向、中島みどり訳『列女伝』平凡社東洋文庫
クリス・スカー、青柳正規監修、月村澄枝訳『ローマ皇帝歴代誌』創元社
塩野七生『ローマ人の物語』新潮社
青柳正規『ローマ帝国』岩波ジュニア新書
エドワード・ギボン、中野好夫・朱牟田夏雄訳『ローマ帝国衰亡史』ちくま学芸文庫
川端香男里、佐藤経明、中村喜和、和田春樹、塩川伸明、栖原学、沼野充義監修『ロシアを知る事典』〔新版〕平凡社

あとがき

突然ですが、私は英雄が好きです。学校の授業中、墾田がどーした荘園がこーしたと、先生がひたすら土地や税金の話ばっかりするのをゲンナリ気分で聞きながら、図説の合戦図とか眺めて英雄たちの活躍を想像することで、辛うじて心の健康を保っていたような人間です。歴史をネタにした本など書いていますが、マニアックな歴史好きとか言うよりは、英雄とか人物論が好きなだけの、割と俗な趣味の人間です。

それで、私は今、濱崎誉史朗氏という、マニアックな編集者と一緒にお仕事させていただいているわけですが、私の俗さと氏のマニアックさの綱引きの結果、うっかり生まれ落ちたのが、この本ということになります。かっこいいヒーロー談義やキャラクター論を軽い感じでウダウダやりたい著者と、他には無いヘビーなマニアック企画を世に送り出したい編集者、その二つの嗜好が合体し、キメラとして立ち上がったコンセプトが、「世界中」の「ナンバー1」ではなく「ナンバー2」列伝というわけです。

「まえがき」で真面目っぽい言葉遣いで触れましたように、「ナンバー1」ほどの知名度はなくとも、「ナンバー2」もそれなりに歴史談義のネタになる存在であり、中国の諸葛孔明とかなんとかを素材に中国独特の宰相型の人材がどうこうと論じるとか、戦国時代の軍師や大物家臣を云々するとかいった、ナンバー2本、補佐役本なんかは結構な頻度で見かけたりします。しかし、ナンバー2に、世界中という合わせ技を繰り出すことで、マニアック編集者も納得の、ちょっと変わった歴史本がどうにかこうにか実現いたしました。

とはいえ俗な著者が書いた代物ですから、ヘビーなマニア向け歴史本とか思って敬遠せずに、ちょっと変わったライト歴史読み物として、気軽に手に取っていただけると嬉しいです。出版社の社会評論社も一貫して私の本は、「歴史」本ではなく「サブカル」本として扱ってますよ。

ところで編集者の濱崎氏には既にご登場いただきましたが、氏について、もう少し。本書のビジュアル面はもっぱら氏のセンスと仕事によって達成されたものです。ですので本書の表紙やページを見て、「いい感じだな」と思った方は、どうか賞賛を濱崎氏に。いい気分になって、これからも色々イカすデザインを生み出してくれるでしょう。

それでは、ご縁があればまたお会いしましょう。

山田昌弘

世界ナンバー2列伝

史上最強・補佐役・宰相・顧問・右腕・番頭・黒幕・参謀

2013年11月30日初版第1刷発行

山田昌弘（やまだ・まさひろ）

大阪府出身。京都大学法学部卒。ライトな歴史好き。軍事史とか英雄とか、派手派手しいテーマで、歴史ネタを軽くいじくり回すのが好き。軍事史話とヒーロー話なら、日本史や西洋史のみならず、インド史やアフリカ史でもわりと美味しくいただけます。軍師とか副将とかいった話題も、好みなので、そんな思いがこの本に結実しました。著書に『ダメ人間の世界史』と『ダメ人間の日本史』『世界各国女傑列伝』がある。

http://trushnote.exblog.jp/

著者	山田昌弘
編集	濱崎誉史朗
装幀	濱崎誉史朗
発行人	松田健二
発行所	株式会社 **社会評論社** 東京都文京区本郷2-3-10 Tel 03-3814-3861 Fax. 03-3818-2808 http://www.shahyo.com
印刷 & 製本	倉敷印刷株式会社